U0401938

WORDCRIME

文字追凶

运用司法语言学破案

[英] **约翰·奥尔森**
——————著

张纯辉
——————译

图书在版编目(CIP)数据

文字追凶:运用司法语言学破案/(英)约翰·奥尔森著;张纯辉译.—北京:北京大学出版社,2022.7

ISBN 978-7-301-33095-1

Ⅰ.①文… Ⅱ.①约… ②张… Ⅲ.①法律语言学 Ⅳ.①D90-055

中国版本图书馆CIP数据核字(2022)第104325号

© John Olsson, 2009
This translation of Wordcrime is published by arrangement with Bloomsbury Publishing Plc.

书　　名 文字追凶——运用司法语言学破案
WENZI ZHUIXIONG——YUNYONG SIFA YUYANXUE POAN
著作责任者 [英]约翰·奥尔森(John Olsson) 著 张纯辉 译
责任编辑 徐 音
标准书号 ISBN 978-7-301-33095-1
出版发行 北京大学出版社
地　　址 北京市海淀区成府路205号 100871
网　　址 http://www.pup.cn 新浪微博:@北京大学出版社
电子信箱 sdyy_2005@126.com
电　　话 邮购部 010-62752015 发行部 010-62750672
编辑部 021-62071998
印 刷 者 三河市博文印刷有限公司
经 销 者 新华书店
880毫米×1230毫米 A5 7.625印张 184千字
2022年7月第1版 2022年7月第1次印刷
定　　价 58.00元

未经许可,不得以任何方式复制或抄袭本书之部分或全部内容。
版权所有,侵权必究
举报电话:010-62752024 电子信箱:fd@pup.pku.edu.cn
图书如有印装质量问题,请与出版部联系,电话:010-62756370

中文版导言

《文字追凶》是法庭科学领域全面系统地运用实际案例介绍司法语言学相关问题的译著，包括什么是司法语言学、著作权研究、个人及语言的使用、差异、作者比较、法庭上的证据、非作者比较的案件、作者分析、抄袭、语言的真实性、法庭文本的类型、司法语音学、司法转录等多方面的内容。通过大量国外司法领域中的实际案例重点阐述了语言学在司法领域中的应用，介绍了司法语言学在刑事案件侦查和法庭诉讼过程中的作用和帮助，讲解了语言学家如何深入文字背后，分析各种线索，如何发现看似自杀案件背后真正的凶手，如何让陪审团最终裁定只肯承认过失杀人的罪犯为谋杀罪，如何结合语言学和语音证据让罪犯认罪，如何发现写作风格的转变从而鉴别是否抄袭等等。

本书运用实际案例向读者展示语言分析在解决犯罪问题中的作用。正如作者在引言中所讲述的那样：这本书讲述了许多人的生活故事，其中大部分都是普通人在没有选择的情况下经常面临的特殊情况。作者试图以一种简单的叙述方式，直截了当、平白直叙地讲述这些生活故事。其目的不是要讲一个“好故事”，而是要说明语言具有趣味性和复杂性，以及当其进入法律领域时所发挥的强大作用。

语言学特征分析最常见的用途，一是精确认定是谁写了某段文本，二就是总结一个未知作者的文笔特征：他的年龄、性别、教育程度、母语为何。分析的第一步一般是列出可能的作者和他们的文字样本,再由专家从中提取出显著的特征。接着将待确认的文本与这些段落比对,任何匹配的作者都用概率表示,而不是一个绝对的"是"或"否"。最后,这些结果还要和案件涉及的其他证据一起考察,比如是否有不在场证明等。正如伊利诺伊理工学院的计算机语言学家施洛莫·阿伽蒙(Shlomo Argamon)指出的那样:"如果全部证据都指向同一个方向,你就能相当肯定地说出作者是谁了。"

比文本特征透露更多信息的,是所谓"功能词"(function words)出现的相对频次,它们的作用是将句子黏合在一起。功能词就是介词、连词和人称代词。这些词语本身没有意思,只发挥语法功能。这些词之所以对分析贡献良多(至少在英语里)是因为它们的数量十分庞大:加到一起,它们超过我们所写单词的一半。这些看似没有意义的语言成分能够指出某人的人格类型、健康状况,甚至会否自杀之类的将来行为。还有人利用具有身份辨识性的语言特征渗透网络犯罪。同样来自阿斯顿大学的蒂姆·格兰特(Tim Grant)训练卧底警察在网上假扮已经被抓获的恋童癖,以此引出其他罪犯,有时他们也会假扮成潜在的受害者诱使犯人上钩。语言学专家归纳这些罪犯的写作风格,并训练警官模仿这些写作风格。"那些人都在互不信任的环境中交流,你一旦说错了话就会使他们很警惕。"他说,"如果你在词语挑选或者沟通行为上出了错,和他们的互动就会变得很不顺利。"

这些显著的模式,无论是字词选择、句子结构还是作者无意间使用功能词的频率,都指明了语言的高度灵活性。语言学家曾经认为,我们都是先学会一套标准的语法,再从这套标准上偏离出来表达个性的。不过现在更加普遍的观点却认为,我们从一开始就对母语有了一套自己的心智模型,我们习得母语的社会环境和情绪环境各不相同,使这套模型也和他人有了细微却重要的差别。

司法语言学最初是作为纠正司法不公的工具。现今,司法语言学已经从一门只有少数人热衷的边缘学科发展成为一门国际公认的能够真正为执法和法律行业服务的学科。它在各国的司法领域中发挥着积极的作用。在言语识别与鉴定技术研究领域,译者也非常希望借由此书借鉴国际同行们的先进方法,与国际接轨,加入到国际学术交流的行列中去。

张纯辉

2022 年 3 月 22 日

目录

第三部分

引　言

什么是司法语言学？如果你已经研究到这一步，对此问题你可能已有了一些自己的答案。另一方面，司法语言学可能是一个你没有听说过却又想了解更多的课题。

我叫约翰·奥尔森，在过去的15年里，我一直是（现在仍然是）世界上唯一的全职司法语言学家。此书源于我的工作，亦可说明司法语言学是如何帮助破案的。在开始之前，我想先介绍一些背景资料。让我先简要介绍一下司法语言学是如何产生的。

1968年，伦敦大学的一位瑞典语言学家听说了许多年前的一个案件。在伦敦肯辛顿区的瑞灵顿街10号，几名妇女和一个婴儿被谋杀。瑞灵顿街因此变得臭名昭著，以至于当局最终不得不迫于当地居民的压力，将它改名为鲁斯顿小巷（Ruston Close）。然而，人们心头的阴影仍然存在，最终地方议会拆除了整条街道，并于70年代在那里建造了新的房屋。

瑞灵顿街10号公寓一楼的房客是约翰·克里斯蒂，一个安静甚至有些害羞的男人，他的婚姻美满幸福。楼上住着提摩太·埃文斯和他的妻子贝丽尔还有他们的女儿。埃文斯于1949年从瑞灵顿街失踪，同时人们开始询问他的妻子和孩子的下落。同年的11月，埃文斯在南威尔士投案自首，当时他和叔叔住在梅瑟蒂·德菲尔（Merthyr Tydfil）。因埃文斯已向警方作出了认罪的供词，司法语言学自此介入该案。埃文斯被判有罪,部分是基于这些供词,部分是基于克里斯蒂提供的证据。埃文斯于 1950 年被绞死。之后,随着克里斯蒂妻子的失踪,邻居们开始对克里斯蒂的古怪行为生疑。在克里斯蒂搬离公寓后,另一个租客住了进来。在他准备搭架子的时候,发现了可怕的一幕:一个半裸的女人的尸体。警察到达后,又发现了其他几起谋杀案的证据。克里斯蒂后来被追捕、起诉、定罪,最终被处以绞刑。在克里斯蒂死前不久,他承认自己谋杀了埃文斯的妻子并“可能”谋杀了其孩子。尽管在克里斯蒂被处决之前有要求调查这些指控的紧急请求,但内政部长拒绝停止绞刑,克里斯蒂于 1953 年 7 月被处死。在记者卢多维奇·肯尼迪于 20 世纪 60 年代关注埃文斯这一案件之前,被处以绞刑的埃文斯所供认的罪行十多年来一直被认为是其所为。肯尼迪的报道引起了伦敦大学的一位瑞典教授简·斯威特维克的关注。他对供词进行了审查,并得出结论:这些供词包含多种语言风格,其中大多数都是以“警察登记”编写而成。斯威特维克的分析和肯尼迪的坚持迫使内政部长推翻了定罪,使埃文斯在死后被赦免。这可能是世界上第一起语言学在其中起了重要作用的谋杀上诉案。因斯威特维克在对证词的研究报告中使用了“司法语言学”这一术语,他被认为是这门学科的“创始人”。

20 世纪 90 年代,德里克·本特利一案引起了伯明翰大学语言学家的关注,当时我是该校语言学的研究生。在伦敦南部的一起入室盗窃案中,本特利的同伙克里斯·克雷格开枪打死了警官西德尼·迈尔斯,在本特利向警方口述的供词中出现了多处异常,许多先前被接受的供词现在都受到质疑。基于静电压痕仪(ESDA)所提供的证据,一个接一个的定罪被撤销。ESDA 是一种静电处理过程,与照片复制有某些共同之处,在书写过程中几张纸叠在一起,ESDA 就会显示出其他纸上的凹痕。

1994 年,我在英国建立了司法语言学研究所,该研究所随后成为世界上领先的语言学实验室之一。我和我的同事一起检测了所有类型的文本,包括作者身份、真实性、语义的解释、有争议的语言以及其他取证过程。早期的一个案件涉及对 20 世纪 80 年代中期一名被指控的恐怖分子在帕丁顿格林警察局对警方所作的供述进行分析。从那时起至今,我已经处理了近 300 起司法语言学调查。这些调查包括检查自杀信件语言的真实性、评估敲诈勒索中的威胁性、评估警方问询记录中所谓的压迫性问询(这在当今很少见),以及在从谋杀到敲诈勒索到恐吓证人、性侵犯和网络儿童色情内容等众多调查中鉴定识别数百封信件、电子邮件和手机短信的作者身份。我接受过警察机构、律师、国际公司和组织的委托,甚至也接受过收到恐吓信的私人客户的委托,发恐吓信的人可能就住在附近甚至隔壁。

在早期的一桩案件中,美国中西部一家名犬俱乐部的主席让我判断,该俱乐部收到的大量恐吓信是否来自他们自己的成员。这些恐吓信的作者极有可能是一名上了年纪、举止温和的女士,多年来一直忠实专注地处理俱乐部的行政事务,但她的一只宠物未能在俱乐部的年度名犬展上获奖,令她倍感失望。这可能会让人感到惊讶。恐吓信也会出现在家庭内部。在一个案例中,一名心怀不满的女士对其弟弟在酒店生意上的成功感到愤怒,并给当地商会写了大量的匿名诽谤信,信中不仅否认了他的努力,而且侮辱了他的妻子,指控他的纳粹做派,并声称酒店经常周末举办白人至上主义者的派对。在另一个案例中,一个十几岁的女孩因嫉妒其姐姐即将结婚而试图挑拨她来陷害新郎。从另一方面来讲,并非所有的匿名诽谤信都来自家庭成员:近期的案件中我试图确定一名中年男子的身份,在性骚扰一名十几岁男孩并遭到拒绝之后,他写信给男孩的父母,指控他们的儿子是一名儿童性骚扰者。男孩的父亲——也许认为这是对他家庭声誉的指控——自杀了。

如果你收到了恐吓信,或者那些诋毁你朋友、亲戚或同事的诽谤信,你要知道的是:在我处理过的恐吓信案件中,所有指控都被证明是纯粹的恶意——完全是捏造的。但这些捏造的东西却能毁灭一个人的生命,我已经见证过太多此类事情了。我认识的一个商人收到了几封这样的信,尽管他和身边的人都知道信里的指控完全是假的,但他差点被这几封信摧毁。幸亏家人给了他有力的支持,他最终才得以恢复。犯下这一可怕罪行的人一直没有找到。只要了解到人们的生活受到多大的影响,就能够意识到这种犯罪的严重程度。

人们也不该就 20 世纪 40 年代和 50 年代的那些暗黑电影产生联想,认为恐吓信全都是女性写的。事实远非如此:仇恨和恶意没有性别和年龄的界限,也不论社会阶层。我见过青少年、老贵族、中年工匠写的恐吓信,也见过那些事业有成的高管、医生以及受人尊敬的祖辈写的恐吓信。互联网的出现让恐吓信得以盛行:任何人都可以用假名申请免费的电子邮箱,然后在公共论坛上发表对他人最恶毒的诽谤,或通过电子邮件私下传播谣言。然而,尽管有技术方面的便利,每天依然有成千上万封的诽谤信以传统纸质信函的方式通过皇家邮政及其他邮政公司在世界范围内传播,每一封信都意图破坏他人的幸福生活,摧毁别人的声望名誉,或者挑拨夫妻或其他家庭成员之间的良好关系。写信人的动机也并不总是仇恨:通常是因为无聊,而且对那些不可避免的破坏缺乏预见性。

幸运的是,司法语言学涉及的案件并不全是恐吓信。每天都有独特的调查请求:父亲想知道女儿写给他的信是否真是她的风格,青少年的母亲担心自己孩子的写作风格受到“帮派腔调”的影响,保险公司想要从数名潜在客户中分辨出诈骗犯,警探想要解码囚犯写给同伙的加密信件,囚犯想要证明自己是无辜的,律师想要帮助委托人上诉,员工想要证明老板污蔑他写了匿名邮件:各种各样的调查层出不穷。

在我从事这项工作的15年中,我分析了数百人写的数千篇文本,这些文本涉及许多类型的犯罪。在此期间,司法语言学从一门只有少数人热衷的边缘学科发展成为在国际上受到认可的实践行业,能够真正为执法和法律业界服务。

我曾有幸处理过许多案件,在本书中,我记叙了部分案件的细节。我尽全力避免透露受害者的身份、住址,以及现在或之前从事的职业。这在一定程度上意味着我也无法指出部分案件中的犯罪人。不幸的是,有些案件为公众所熟知,不能匿名,关注新闻的读者能够轻易辨别出这些案件。有些案件是最近才发生的,不适合在书中记叙,但我希望几年之后,公众会逐渐淡忘这些罪行和事件,届时我就能够记叙这些案件了。

希望本书能向你展示出语言分析对破案的重要意义。本书囊括了许多人的生活故事,其中大部分都是普通人面临特殊情况,完全没有自主选择的余地。我试图以一种简单的叙述方式,直截了当、平白直叙地讲述这些生活故事。我的目的不是“讲好故事”,而是展现语言的趣味性和复杂性,以及它在法律领域中的强大作用。如果这些故事值得一读,我希望这不会给事件本身的重要性或悲剧性造成任何负面影响。我一直都知道,这项工作最关注的是人,而不仅仅是语言,多年来我一直认为从事这项工作既是一种特权,也是一种责任。

司法语言学最初被视作纠正司法不公的工具。如今,它在日常司法活动中发挥着积极的作用。在过去的一千年里,普通法系在英格兰、威尔士、苏格兰和爱尔兰发展起来,尽管确实存在着积年的错误,但该法系应该得到该地区所有居民的珍视。这就能够解释司法科学的重要性。在当今时代,公民权利和自由遭到的侵蚀再度成为人们热议的话题,司法科学理所当然地成为正义和自由的一种守护力量。在仅仅 40 年的时间里,司法语言学从一个小小的开端,发展成为司法过程的重要组成部分,我相信,它也是司法过程永恒的组成部分。

第一部分

1. 油桶藏尸案

2005 年的一个夏夜，40 岁的朱莉·特纳在约克郡失踪。她是一名迷人的女性，有两个孩子，住在谢菲尔德。6 月 7 日(星期二)下午 6 点左右，她离开家，和交往了四年的霍华德·西莫森一起去购物。她离开家时，她丈夫达伦知道她要去找西莫森。朱莉并不刻意隐藏她和西莫森的关系，邻居们经常在西莫森接送她的时候看到他的奔驰车停在附近。这一对儿甚至还一起接过孩子放学。

西莫森住在德比郡克雷斯韦尔，在谢菲尔德以南 20 英里。那天晚上 11 点，朱莉还没有回来，达伦越来越担心。他决定开车去西莫森家里看看。奔驰车停在外面，但房子里一片黑暗，没有西莫森的踪影。达伦沮丧地开车回家。四个小时后，周三凌晨 3 点 22 分，他终于向警方报告了朱莉失踪的事。警方在当地医院进行了调查，联系了家庭成员，但仍然没有找到朱莉的踪迹。

第二天下午，达伦收到了一条手机短信，内容如下：

Stopping at jills, back later need to sort my head out

【译文】

在吉尔家，晚点回去我得整理思绪

达伦看不懂这段文字，因为他不认识叫吉尔的人，朱莉从来不用手机发短信,他也不认识发这条短信的手机号码。除此之外,他知道朱莉向来很关心孩子,总是要先告诉他们她要去哪里,然后才会离开。

当晚,达伦在几位家人的陪同下又去了克雷斯韦尔。西莫森家着火了,有两个人在说话。西莫森有点不屑一顾,达伦离开克雷斯韦尔的时候依然不知道朱莉的下落。第二天,达伦收到了另一条手机短信:

> Tell kids not to worry. sorting my life out. be in touch to get some things

【译文】

告诉孩子们不要担心。整理我的生活。保持联系需要拿一些东西

第二天下午 2 点左右,警察来到了西莫森在切斯特菲尔德的办公室。他不在办公室,一名工作人员打了他的手机。西莫森对那位工作人员说,他大概会在半小时后回到办公室。

过了相当长一段时间后,工作人员又打了一个电话问他还要多久,西莫森解释说他遇上道路施工,被耽搁了。下午 3 点半左右,他开着一辆福特 Ranger 皮卡回来了。

警察从他那里获得了很多线索。他非常坦率地表达了自己的愿望,认为朱莉应该离开达伦,和他一起生活。警察要求他上交手机。他其实有两部手机——一部专门用来与朱莉联系,另一部用于他的业务。

前一天晚上,他的其中一部手机收到一条短信,显然是朱莉发来的:

Sucker. im stopping at my friends. guess who. why do you think i wanted to rush back. dont bother looking for me.

【译文】

笨蛋。我在朋友家。猜猜是谁。你以为我为什么急着回去。别找我了。

这些手机短信没什么可看的。在涉及手写文本或输出文本的案件中,我们通常处理的不是手机短信,而是十几封信,每封长达几百个字。即使是这种规模的文本,处理起来也并不总是很容易,而且经常会有语言学家抱怨"文本规模"是鉴定工作的阻碍因素。然而,与目前的情况相比,十几封信的文本规模可谓奢侈。

但这些文本间依然存在着几点相似之处。这几条手机短信有一个有趣的特征,用句号代替逗号:"笨蛋。我在朋友家。"这种情况下,"笨蛋"一词后面应该使用逗号而不是句号。

与此同时,警方在西莫森家中发现了一封他本人写的长达五页的信。警方扣押了这封信。信件没有指明收信人。信中提到他想从一个叫"迈克"的人那里买一把枪。从信中可以看出,西莫森打算杀掉朱莉,然后自杀。

和上面的短信文本一样,信中也有几处把句号用作逗号的例子:

Well. a week on Since my first letter of disaster

Oh god what a tangle. but she is not getting away with my life

【译文】

好吧。距离我第一封糟糕的信已经过去一周了

我的天真是一团乱麻。但我不会放过她的

然而,就其本身而言,这一发现对调查的进展几乎没有帮助,因为没有办法考察人们把句号用作逗号的频率。我只能说这种现象似乎很罕见,但我不知道它罕见到什么程度。

这几条手机短信没有其他值得研究的内容。不过,我对"整理"这个词很感兴趣,比如下列这两条短信:

Stopping at jills, back later need to sort my head out

Tell kids not to worry. sorting my life out. be in touch to get some things

【译文】

在吉尔家,晚点回去我得整理思绪

告诉孩子们不要担心。整理我的生活。保持联系需要拿一些东西

我向警察要了一份讯问录音,仔细听了几个小时。收获甚微。就在我要关掉录音,准备收工的时候,我听到一名警官问起西莫森和朱莉之间的关系,这两个人似乎都有同居的意向,为什么没有住在一起呢。西莫森是这样回答的:

She was on heavy medication and she said when she'd got her head sorted out and sorted her life out then it would happen.

【译文】

她当时正在服用大量药物，她说要整理思绪，整理生活，然后再一起住。

我十分震惊，反复播放了这一段，确认自己真的听到了那些话："head sorted out(整理思绪) ... sorted her life out(整理生活)"。"sorting one's head out"和"sorting one's life out"这两个短语其实很少见，其中一个原因可能是，没有多少人愿意承认自己的生活是如此糟糕或困难，以至于他们不得不把它"整理"清楚。诚然，"整理东西"或"理清楚一切"这种表达并不少见，但"整理"某人的生活，"整理"某人的思绪，这种表达要罕见得多。当时，我在一个体量为 1 亿个词的语料库(一种语言集合体)中，只找到了一个"整理我的生活"的例子。还有一个例子是"整理好他的生活"。我没有找到"整理好我的生活"或"整理他/她的生活"，也没有"整理某人的思绪"这种表达。谷歌的搜索结果中，有 23000 个"sort my life out(整理我的生活)"、600 个"sort my head out(整理我的思绪)"，由此可以看出，"整理思绪"这种表达极为罕见。

更罕见的是，这两个表达同时出现在一个文本中，"sorting out one's life and one's head(整理某人的生活和思绪)"。谷歌的搜索结果中只出现了 17 次这样的组合，可以说是独一无二了。另一个有趣的点也值得我们注意，那就是顺序：较早的那条手机短信提及了整理思绪，较晚的那条提及了整理生活。这和讯问录音中的顺序一致："整理思绪和生活"。因此，讯问与(分开发送的)短信不仅包含两个相同的要素，而且要素的顺序也是相同的。

当然，我知道书面语言[1] 和口语之间存在差异，我也知道分析的对象是两条手机短信，而不是一条，但即便如此，上述情况也不太可能是巧合。我向负责调查的警探汇报,在我看来,那些手机短信很有可能是西莫森编写的。警方由此得出结论,朱莉回来的可能非常渺茫。调查的方向很快从失踪人口搜寻变成了谋杀案侦破。

对朱莉或其尸体的搜寻力度加大了。警方花了数百小时在克雷斯韦尔和谢菲尔德之间的乡村地区进行搜寻,并且组建了团队来查看该地区所有企业的监控录像。他们还联系了西莫森的许多朋友和客户。朱莉失踪几天后,有一个画面在监控录像中反复出现,一辆银色的福特 Ranger 皮卡载着一个油桶驶过。巧合的是,在朱莉失踪的那个晚上,西莫森问过他的一个客户,能否在客户的地里埋一个油桶。他的说法是,油桶里装着几件武器,他不想让警察知道。客户拒绝了。在与朱莉偷情的同时,西莫森还与另一个女人开始了一段恋情,那个女人 20 岁,是他客户的女儿。当时,油桶就在那辆福特 Ranger 皮卡的后面,西莫森在客户的谷仓里引诱了那个女孩。最终在一个废品堆放场里找到了那个油桶。朱莉·特纳的尸体就在里面,头部中弹。

装着朱莉尸体的油桶曾经放在西莫森的福特车后面,面对这一事实,西莫森声称朱莉在他车中的置物箱里发现了那把枪,不小心开枪杀死了自己。然而,他似乎忘记了他在朱莉去世前几周写的那封信,信中提及了枪和枪杀的事情。面对这一事实,他似乎有点震惊。信中包含以下内容:

> Julie am afraid doesn't seem concerned about the money prob. aprt from spending it. I love her dearly but I can see it coming to the final shot to finally be together. I am sane writing this and just waiting for the machine to carry this out.
>
> Mike, is taking his time to fetch this gun(?) and I am

not sure which one to go for? either, hopefully are quick and easy.

【译文】

朱莉似乎并不担心钱的问题。撇去花钱的事不说。我非常爱她,但我觉得结局快要到来了,我们终于可以在一起了。写这封信的时候,我很清醒,只等着那把枪来完成我们的结局。

迈克,他在慢慢地搞枪(?)我不太确定该用哪一把? 都行吧,希望能快一点,方便一点。

因此,警方在发现油桶之前就已经知道西莫森想要从"迈克"那里购买枪支,也了解到他对自己的财务状况感到绝望,还将这种状况归咎于朱莉。正因如此,警方不相信朱莉是意外自杀的。陪审团、朱莉的家人和朋友也不相信西莫森。2005 年 11 月 8 日,朱莉死后不到 6 个月,谢菲尔德刑事法院法官皮彻判处西莫森终身监禁,检察官建议的最低刑期为 25 年。宣判时,西莫森对朱莉的死毫不自责,对判决也没有展示出任何情绪。西莫森用来发短信的手机一直没有找到。

——注释——

1. 将手机短信这种语言称为混合模式或许更为恰当,它兼具书面语言和口头语言的特性。

2. 骑行客谋杀案

2007年5月5日,午夜刚过去十分钟,斯蒂芬·格林骑着自行车离开了工作地点——贝德福德郡的邓斯特布尔。斯蒂芬是一名50岁的单身汉,当过兵,在社区里人缘很好。他在回家路上经过M1附近的莱西桥地下通道。熟悉这里的人都知道,这个通道连接着卢顿的布托利路和拉温西尔大道。就是在这里,一群年轻人打劫了斯蒂芬,他们猛烈地踢他的头,然后就离开了,导致他的死亡。

起初根本找不到任何线索,后来警察对自行车进行检测时在其中一个轮胎上发现了一枚指纹。由这枚指纹追踪到一名年轻男性,他经常与另外几个人一起喝酒吸毒。警察扣押了他们的手机,发现其中两部手机在抢劫案发时间前后有若干条短信来往。对信号进行三角定位后,发现一个名叫达里尔·班尼特的男子,他名下的一部手机在推测的案发时间前后一直在犯罪地点发送短信。然而,拿到达里尔的手机时,所有的短信都被删除了,只能在他女友崔西(化名)的手机上找到达里尔发来的短信。

出于某种原因,崔西的手机没有记录短信的接收时间。因此,虽然有短信发送时间的记录,却无从得知短信的接收时间。如此一来就无法对接收到的短信进行自动排序。而且,崔西似乎删掉了一些短信,可能不是故意为之。司法语言学的任务就是尝试对这些短信进行排序——换句话说,就是试着在片段的基础上重建对话。这些短信使用的语言具有浓厚的当地“年轻人用语”的特色——其实更像是一种群体的习语,这种俚语似乎是在那群有作案嫌疑的年轻人中发展起来的,包括他们的朋友和女朋友,甚至还包括较为年长的家庭成员们。如今,语言学家在谈论手机短信使用的语言时,会提到“短信用语”这个词。但短信用语也分为很多种类。举个例子,过去人们认为只有年轻用户才会在短信中使用缩略语,例如“2u”代表“to you”,“4got”代表“forgot”等等。但早期的一个短信案例让我打消了这种错误看法。这个案例涉及 2004 年发生在康沃尔的彼得·索尔海姆谋杀案。彼得的一个女性熟人以他的名义发短信给他的伴侣,声称是他本人,而他当时可能正在准备乘自己的船去法国旅行。2006 年 7 月,特鲁罗刑事法庭的陪审团认定这个熟人在发短信的时候一直在计划谋杀彼得。值得注意的是,玛格丽特·詹姆斯(女性熟人)在短信中使用了大量缩略语,与彼得的短信风格截然不同。我提起这个案件仅仅是为了说明,不能想当然地认为只有年轻人才会在短信中使用缩略语。

回到当前案件,虽然还有其他人发来的短信,但手机短信对话的主要参与者是崔西。总的来说,需要对 150 多条短信进行翻译和排序。我最初的猜想是,崔西和达里尔的短信对话中提到了殴打和抢劫的事情,我必须周密地证实这种猜想。翻译完所有的短信之后,我必须运用有关对话结构方面的语言学知识,验证那些不同的片段能否拼凑在一起。短信用语与口语在某些方面十分相似。后来,我收到了服务提供商的账单记录,对最终解决问题十分有帮助。账单记录并不包含实际的短信内容,但包含日期和时间,从中还可以看出短信的长度。

由于短信中包含大量缩略语,调查此案的警官只能理解其中一部分。起初,许多缩略语都让人十分摸不着头脑,需要借助互联网及其他资源,进行有关“年轻人用语”的大量调查。在这152条需要进行分析处理的短信中,有60条是崔西发给达里尔的,有41条是达里尔发给崔西的。在案发之后那段时间里,崔西给她阿姨发过短信,还给她表弟肖恩·利迪发过短信,肖恩也是嫌疑人之一。崔西还给她的朋友塞西莉亚(化名)发过短信。还有几条短信,暂且将收信人称为“麦克斯”。

本案涉及的短信用语具有网络聊天室对话的部分特征,这种对话有时会以很快的速度进行,参与者必须采用简明、缩略的语言。本案涉及的短信还包含一个令人反感的构成因素,短信对话的参与者使用了大量的、各种各样的贬损称谓,包括“表子(婊子)”“黑皮(黑鬼)”“非人(非洲人)”“白种人”“荡妇”等等。奇怪的是,这些侮辱性词汇的使用似乎没有种族歧视或性别歧视的意味。虽然听起来很怪异,但我还是要说,这些词汇似乎是一种昵称。如果这些称谓冒犯到了部分读者,我在此道歉,这不是我本意,我只是在陈述我的发现。

需要注意的是,任何口译或翻译的行为都达不到“准确”或“精确”的程度,这不仅仅指任何两种语言之间的翻译,短信用语译成标准英语也是如此。翻译过程中的一个关键问题是,没有理解或没有给出语境。我们几乎没有意识到,在理解别人对我们说的话,或者其他人之间的对话时,我们十分依赖特定情况下的语境。正因如此,如果我们不认识对话的参与者,就很难理解偶然听到的谈话片段。事实上,我们可能会感到震惊,本无恶意的言谈会遭到误解。这通常是因为我们不认识的人无意中听到了我们说的话,却不了解对话的语境。这种情况经常导致人与人之间产生各种误解。本案涉及很多这样的例子。例如,达里尔发来的其中一条短信是这样的(见表1.1):

表 1.1　达里发来的其中一条短信

原文	译文
Darryl Bennett：U joka dat film froze 10 minz ago（达里尔·班尼特：搞笑那电影十分钟前就定住了）	[Darryl Bennett：You joker（or：you're joking）. That film froze 10 minutes ago.]（达里尔·班尼特：你开玩笑的吧。那部电影十分钟前就定住了。）

达里尔的手机里还有一条短信是"Must of boy i cant remeba shit(肯定男孩我记不住了妈的)"。问题是，要找出这些短信在达里尔和崔西的短信对话中处于什么位置——这个对话持续了一天两夜。从上述例子可以看出，崔西显然先提到了一部电影。后来将电影称为"*that* film(*那部*电影)"。使用"this""that"等字眼进行短信之间的连接，这个过程被称为衔接——我曾在别处将其称为句子之间的一种"文本黏合剂"。在第二个例子中，"肯定男孩我记不住了妈的"中的"肯定"显然是取代了一个完整的动词，和记不住某件事情相关。因此，可能出现的情况包括酗酒、吸毒，或者只是睡着了。

评判一条短信放在对话的某个位置是否合适，除了上文提及的标志，我还会寻找其他的一些指标，例如，对问题的明显直接回答——"是的""我是""他不是"等等。在这个方面，语言学家所谓的"有限元素"有很大用处——我所说的有限元素包括句子的主语(例如"他""我""她"等等)，以及主语后面的动词(例如"做""做了""有"等等)。但我们必须认识到，短信对话不一定是参与者之间的完整对话，参与者可能在发短信的间隙给对方打电话，也可能面对面交谈。从这一案件中可以明显看出，即便在同一栋房子里，犯罪嫌疑人有时还会互相发短信。以下是对话顺序中较早的一条短信(译后版本)：

Nick, Bessie saw the blood on your hands. Darryl, Bessie said she saw the cut on your head. You said you wouldn't do a robbery again, and you promised you wouldn't do anything when Shane was there. You lied trish x

【译文】

尼克，贝茜看到你手上的那些血了。达里尔，贝茜说她看到你头上的那个伤口了。你说过你不会再抢劫了，而且你答应过，肖恩在的时候你不会做任何事。你骗了我。崔西吻

这条短信的发送时间大约是在抢劫案发生半小时后。达里尔的回答似乎很简单："我们没有崔西。"根据语言衔接的知识，我推测接下来发给达里尔的短信可能是：

Why are you lying. Shane told me. You're an idiot. You promised you wouldn't. Now I know who I can and can't trust, and you're on the can't trust list x

【译文】

你为什么撒谎。肖恩告诉我了。你是个白痴。你答应过不会的。现在我知道我能信任和不能信任谁了，你是不能信任的人。吻

因此，在上述对话中，崔西先告诉尼克，贝茜看到了他手上的血，然后似乎在指责达里尔违背诺言，参与了一起抢劫案，而且当时肖恩也在他身边。在此之前，崔西给尼克发了一条短信，

要他催一下肖恩。显然，崔西有理由认为肖恩和达里尔在一起，而不是和尼克在一起，有理由认为达里尔犯了抢劫罪。她接着说："……你刚才想说什么？你说'先做重要的事'。然后就停了下来。你到底想说什么？"在这条短信里，她似乎想要弄明白达里尔开口提到的一些事情，也就是"先做重要的事"。后来我们从另一条短信中得知，在发送这条短信之前的一段时间，崔西在莱西桥地下通道，从短信中能看出，她和达里尔一直在那里交谈。因此，我们似乎可以推测，崔西在案发后不久出现在案发现场或案发现场附近。

这一点，以及上述短信的结构，表明她很可能没有目睹袭击，如果她看到了，就不太可能说贝茜看到了他头上的那个伤口，她可能会说自己目睹了袭击。要注意的是，崔西说的是"看到你手上的*那些*血……头上的*那个*伤口"，而不是"看到你手上的血……头上的伤口"。这意味着血和伤口在他们的对话中是已知因素。换句话说，崔西可能已经看到了那些，但她引用了贝茜的观察结果，或许是为了进行强调。另一种可能是，这对情侣在莱西桥交谈时，提到了血迹和伤口。

所以，到目前为止，我们看到了崔西的指责、达里尔的否认，以及崔西的进一步指责。因此，符合逻辑的推理是，达里尔肯定会进一步进行否认，事实确是如此，因为有一条短信是这样的："肖恩瞎编的，相信我"，我认为这是紧接着上述对话的短信。接下来，崔西给她的朋友"麦克斯"发了一条短信。除上述事项外，短信最后还提到了她与达里尔之前的对话："达里尔的短信真是屁话连篇。气死我了。他不守承诺。"此处的"承诺"似乎与她之前的指责有关，她指责达里尔违反了承诺，带着肖恩(一个年纪较小的男孩)进行抢劫。我们知道这条短信是在凌晨 1 点 13 分从崔西的手机里发出的。这条发给麦克斯的短信十分重要，原因有二:首先,它似乎证实了我在上文重建的达里尔和崔西之间的对话;其次,我们完全可以准确地推定上述对话的日期和时间。

我们还看到崔西给达里尔发的另一条短信,问他之前在莱西桥通道时准备说些什么:“你昨晚在莱西桥那里想说什么?你把我拉回来然后让肖恩继续走然后你说‘好吧,先做重要的事’然后你就不说了。你还记得自己想说什么吗?吻。”我认为这条短信的发送时间是她在通道里看到达里尔双手沾着血的第二天,因为短信明确地提到了“昨晚”,提到了“莱西桥”,也提到了肖恩曾经去过那里。

有一条达里尔发来的短信,他说:“谁他妈晓得可能就是想说些屁话吧。”这条短信似乎是对某事的回复,我认为是回复上一条短信,因为它包含那条短信里的两个元素:他*正*要去做一些事情,即“可能就是想”(译文:可能要去);那件事情就是“说些屁话”(译文:说废话)。上一条短信似乎也与 2007 年 5 月 5 日的事件有关,因为从短信可以推测出,收件人(据我们所知是达里尔・班尼特)做了违背诺言的事——袭击和抢劫。这与崔西指责达里尔违背了对她的承诺吻合,即“你说过不会再抢劫了”。短信中还提到达里尔很快就会“进号子”,也就是入狱——我们认为这与他之前的犯罪行为有关。

在分析过程中,我考虑过这些短信的其他可能的解释,我还尝试过对这些短信进行不一样的排序。我想不出任何解释来说明崔西所说的不是真正的抢劫和袭击。作为论据,我们能够看出她显然很失望,她指责达里尔不守诺言,她提到贝茜看到的场景,她向“麦克斯”表达自己的失望,后来又反复指责达里尔不守诺言。

当然,我们不可能有十足的把握确定自己丝毫不差地重建了短信对话,毕竟这不是一门精密科学。然而,对于达里尔和崔西以及其他参与者之间的短信,我找不到其他合理的排序。我相信,所有的犯罪嫌疑人都完全有可能反驳我的分析并提出他们自己的解释。我向警方确认有关短信真实作者的事宜。尽管这些短信在达里尔和崔西的手机上,但重要的是,要确定他们当时没有让别人用他们的手机发短信。虽然这一点没有得到确认,但崔西和达里尔从来没有否认是自己发的短信。

我对短信对话进行分析和重建之后,这些对话被提交给了法院,最初拒不认罪的三名青年决定承认自己参与了犯罪。他们起初只承认过失杀人罪,但陪审团认定四人均犯谋杀罪。2008 年 5 月,他们在卢顿刑事法院被判处终身监禁。

3. 海洛因偷运进监狱

几年前的三月份,我在某天午后接到了中部地区一名警探的电话。她让我帮忙分析一些录音,与企图偷运海洛因进监狱有关。她要求我对比一名身份不明的女性与一个名叫希拉·德维尔的人的声音,以及一名身份不明的男性与一个名叫德韦恩·希林登的人的声音,德韦恩当时是英国监狱里的一名身负重刑的在押犯人。警探告诉我,录音里还有一些"有趣的"对话,她想听听我的看法。

我好奇地等待接收调查资料。收到资料后,我发现案件比我预想的还要有趣。一封收件人是德韦恩·希林登的信送到了监狱,虽然信封上写着正确的编码,说明这是囚犯有权偶尔接收的隐私通讯,但信件庞大的体积让警方起了疑心,于是打开了信件。打开后发现几个塑料袋里面藏着大量的高纯度海洛因。警方为调查此事,调取了德韦恩的通话录音,其中有好几通电话是给一名女性打的,似乎是在讨论把一种特定的信封送进监狱。在这些通话中,与德韦恩对话的可能是希拉·德维尔,警方认为她一直在协助德韦恩,试图进行偷运。

需要进行两项不同的调查。首先,我必须弄清楚那名女性的声音是否可能是希拉·德维尔的声音,那名男性的声音是否可能是德韦恩·希林登的声音,可以将这两个人的声音与警方的讯问录音进行比较。其次,我必须弄清楚那一男一女(可能是德韦恩和希拉)是否真的在讨论把海洛因藏在信封里,偷运进监狱这件事,还是在谈论其他无害的事情。

我听了电话录音以及警方讯问希拉·德维尔的录音,我发现这两个声音听起来很不一样——至少第一印象是这样的。在接受警方讯问时,这名女子的声音带有很强的呼吸声。就像一个正在跑步的人想要给你留下好的印象。不过,有时她的声音会有一种咯吱作响的感觉,好像喉咙里有只青蛙。但通话录音里那名女性的声音听起来很不一样,很健谈,很友好,比讯问录音中的声音大得多。

但是,仔细听的话会发现两者也有相似之处。通话录音里的女性偶尔会带有一些呼吸声,偶尔还会有一些咯吱作响的感觉。但这两种声音强调词语的方式都是一样的。语音学中有一个概念是音调组,即短语或从句中的一组单词,听起来像一个"信息包"。有些人称之为信息单元或信息块。在音调组中,人们会强调一定数量的音节。强调音节的方式多种多样:可以拖长音,可以提高或降低音调,或者同时改变音节长度和音调。希拉强调词语的方式是,把音调组最后一个音节的音调提高,音节拉长。这种方式或许不算特别,但她还具有更多特点——用这种方式强调词语时,她的声音中带点咯吱作响的感觉。通话录音和讯问录音都能反映出这一特点。我花了大约四个小时的时间才听出具体的情况。她还有其他习惯。念比较长的单词时,例如"relationship",她会把强调的音节拖长,听起来就像是三个音节,变成了"rela-ay-iy-tionship"。把一个音节念成三个音节,这种音节被称作"三合元音"。希拉在讯问和通话中经常发出这种音节。例如,警方质问她和德韦恩是否有密切的关系时,她争辩道:"我们不是那种 rela-ay-iy-tionship。"当然,这其中也有方言因素,很多来自中部地区的人也有这样的发音习惯。

最后,我听了她的声音,想要辨别出主要音调。这就是所谓的基频。基频是个奇怪的东西,它的原理是这样的:当我们听到一个单一的声音(也就是音素)时,例如“啊”,我们认为自己只听到了一个声音,但事实并非如此。我们听到的是这个声音以及这个声音的和声。用声谱图来反映声音时,能看到和声——但看不到基本声。必须通过计算得出,或者使用程序以某种方式导出基本声。人声的基频具有独特性。这种独特性与声道的大小和形状有关——大致就是口腔内部到声带的部位,嘴唇的形状和鼻道对此也有影响。声道形状不同的人,声音的基频可能有所不同。当然,人与人之间的基频是有重叠的,而且人的基频在发声过程中并不是绝对不变的。即使如此,基频在一定程度上也能够反映出一个人声音的特色。希拉的声音和通话录音里的声音有非常相似的基频。基于以上这些,我得出结论,这两个声音属于同一个人。进行这种判断时,我采用了一系列评价标准,因此我能够对自己的结论进行量化评估。

接下来的任务是听那名男性的声音。德韦恩在监狱的讯问室里接受了讯问。如果认定将囚犯转移至警察局进行讯问的风险过高,就会在监狱进行讯问。德韦恩是危险人物。几个与他相熟的人在停车场的车里遇害或险些丧命。还有几个人失踪了。警探淡淡地对我说:“你肯定不想有德韦恩这样的邻居。”考虑到安全问题,警方没有把德韦恩送到警察局,而是在监狱讯问室里对他进行了讯问。唯一的问题是监狱十分嘈杂,即便是讯问室这种本该安静的区域也是如此。进行讯问的警官们非常专注于与德韦恩交谈,他们可能没有注意到这些背景噪音。所以,我要做的是对比德韦恩在监狱接受讯问时的声音和通话时的声音。德韦恩坚持说那个人不是他,一定是有人进了他的牢房偷了他的电话卡,卡上有他的个人识别码。他还说自己刚进监狱时被霸凌。当然,他既没有报告霸凌事件,也没有报告电话卡被偷的事情,因为“这一套在监狱里不管用”。讯问他的警官们不相信他的说法。德韦恩身高超过190厘米,像希腊神一样高大,二头肌比大多数人都大,更何况他们都说他的面相不善(这一点不像希腊神)。因此,上述事件应该是德韦恩编造出来的,如果不是,那就是那些囚犯莽然不顾自身的安危。

除了嘈杂的环境,监狱讯问室还有一个问题,麦克风与德韦恩之间的距离似乎超过了九米。或许是因为担心他会把麦克风偷走或者弄坏,诸如此类的原因。警官们的声音清晰可辨,但囚犯的声音却听不清楚,哪怕是在他被警官的问题激怒时。他以前的几个好朋友可以证明,德韦恩不喜欢被人盘问。最后,我不得不承认,我对辨认的结果并不十分确定,只有六成的把握,但我对希拉的辨认结果很有信心,我有八成的把握。

这对情侣在电话里的谈话很有趣。就像电影里演的那样,男方说的每一句话似乎都是从嘴角挤出来的。对话包含很多代号,但不是囚犯常用的代号:比如150英镑是“一个半”,邮票是“贴画”。

男方花了大约十分钟的时间才说到重点,让女方想办法给他寄一个经过某种特殊处理的信封。男方不想把自己的意图表现得太明显,他想把“envelope”一词拼出来,但问题是这名男性似乎不太擅长拼写,所以他拼出了“e-m-v-i-l-i-p”“l-e-n-v-e-l-o-p”等等,女方听了很久,却什么都没听明白,如果这对情侣不是在进行严重的犯罪活动,那么这名女士的耐心很值得嘉奖。最后,女方正确地拼出了“信封”一词,男方表示认同,他说的就是信封。他在此时说出了“envelope”这个词,也就是说,我和那名女士一样,白白地浪费了十分钟的时间。然后,他们谈到信封上的编码,但那名男士还是和之前一样,尽量避免太过明确的表达:

男:你知道你的电话号码吗?

女:我当然知道。

男:那你知道最后一个号码是……

女:我最后的电话号码?

男:不,不是最后的电话号码,听我说——

女:好的,我在听。

男:我的意思是,想想你的电话号码,这一串数字中的最后一个数字是什么。

女:哦,你是说我电话号码里的最后一个数字?

男:是的。

女:是4。

男:什么?

女:4,是4——

男:别说出来,我不想让任何人听到。

女:哦,好吧,那我就不说了……

诸如此类的对话。

谈话中另一个有趣的部分牵涉到海洛因,以及如何将它装在信封里。男方告诉女方,她必须把“这些东西”带回家,“在厨房桌子上”捣碎。然而,在此之前,她必须与毒品贩子取得联系,并说服他跟她做交易。

女:他不喜欢在白天出门。

男:哦,是其中之一?

女:是的,他是其中之一。上次我等到接近午夜,因为他说这样太冒险了。他有记录了。

男:他有什么?

女:记录,你知道的,他说他以前被警察逮到过。

男：哦，那些混蛋，我知道那是什么感觉。

女：那我该怎么办？

男：你把它拿回家捣碎，然后放进袋子里，用信——那个东西装起来。

尽管他们尽了最大努力避免暴露，但结果却是他们的谈话把自己暴露无遗。他们显然共谋了犯罪，假借隐私通信之名，把信封偷运进监狱。然而，这个信封的包装太差劲了，庞大的体积引起了监狱工作人员的注意。在此期间，德韦恩已经把所有的海洛因都卖给了他的狱友们，已经拿到了钱，钱都已经花掉了。我猜他在狱友中的人气肯定突然下降了。

最后，在法庭上，面对警方所谓的压倒性的语言学和语音学证据，德韦恩和希拉因合谋向监狱偷运海洛因被判有罪。德韦恩的刑期增加 4 年，希拉被判处 2 年监禁。这个案例的有趣之处在于它是语言学和语音学证据的结合。事实上，根据我的经验，大部分语音识别的案例都会涉及语言学的某些方面。

4.《达·芬奇密码》涉嫌剽窃?

2004年,一本出版物在全球掀起了一股热潮,这本书的名字十分有趣,叫作《达·芬奇密码》。出版后仅仅数月,《达·芬奇密码》就形成了一股潮流,遍布英国和美国的书店,从法语到日语,各种译本应有尽有。《达·芬奇密码》的作者,一个名叫丹·布朗的新英格兰人,他的照片也出现在了悉尼、开普敦、萨格勒布、马德里、纽约等各个城市的书店里和报纸杂志上。一时间,《达·芬奇密码》还催生出了许多周边产品,例如笔记本、钢笔和铅笔套装、T恤衫、DVD光盘、杯垫,等等。这本书成功地带动了一系列产品。我相信,《达·芬奇密码》的主题曲在音乐流行榜上肯定也是榜上有名,甚至还会有以《达·芬奇密码》为主题的巴黎巴士观光游和苏格兰古教区教堂游览服务。

几乎所有人都读过《达·芬奇密码》这本书。因此,当我接到加利福尼亚作家卢·珀杜的电话,声称《达·芬奇密码》剽窃了他的作品时,你们可以想象我的惊讶程度。珀杜表示,《达·芬奇密码》(以下简称《密码》)主要抄袭了他的《上帝之女》(2000年,以下简称《上帝》)、《达·芬奇遗产》(1983年,以下简称《遗产》),以及另外一部早期作品《林兹圣约》(1985年,以下简称《林兹》)。珀杜所有作品的出版时间都早于《达·芬奇密码》。

据珀杜说,他的每本小说都以之前的作品为基础。在其早期作品《遗产》中,珀杜以惊悚小说的形式尝试了列奥纳多·达·芬奇和宗教的主题,但他后来觉得这个主题应该融合进现代宗教"失落的女性角色"这个概念中。珀杜表示,虽然自己早期的作品和后期的作品有许多相似之处,但他后期的作品不仅仅是早期作品的再加工,而是在其基础上的重大改进,这种改进不仅体现在人物刻画和情节上,还体现在事实和知识的基础架构上。

在布朗和珀杜的小说中,主要情节都是一系列秘密文件的出现对罗马天主教会构成威胁。在两本小说里,强大的势力都纠缠于同一个问题:将文件保密还是公之于世?如果将文件保密,天主教会的权力就能延续下去;如果公开,就会对天主教会的权威造成巨大冲击。这两部小说都集合了浪漫、谋杀、教会腐败、神话和高雅艺术等强烈的因素。有些因素是专属于惊悚小说的,因此,我恳请读者们进行评判,布朗在创作《密码》时,是否超越了一般参考范围,剽窃了珀杜的作品。虽然我受珀杜所托,对剽窃一事进行调查,但我在本篇中不会表达我的个人观点,仅记录我的观察所得,让读者自己判断布朗的作品是否构成剽窃。为了帮助读者进行判定,我需要在此解释一下**剽窃**和**侵犯著作权**的区别。

剽窃是指某人使用他人创作的素材而未公开承认,分两种情况,一种是直接将他人的文字据为己用,一种是用自己的文字重新表述他人的想法。本质上来说,剽窃是学术犯罪。大学和院系可以对剽窃者施以严厉处罚,但处罚的最终目的不是处罚本身,而是鼓励剽窃者进行反思,表达自己的观点,探究自己的想法。剽窃分为三类:文字抄袭、模糊剽窃和概念剽窃。文字抄袭是直接照搬他人创作的文字,模糊剽窃是重新整理他人创作的文字或表达,其间通常会穿插剽窃者自己的语言。进行模糊剽窃的人抱有侥幸,希望剽窃的事实不被人察觉,但现在有很多种方式能够检测出文字抄袭和模糊剽窃。概念剽窃的检测难度更大，但熟悉源素材的读者通常能够辨别出剽窃的行为。需要注意的是，剽窃成立的条件是剽窃者不承认或不正式承认自己使用了源素材，或者过度使用了源素材。也就是说，剽窃者自称是素材原创者，或者没有完全承认或正式承认其作品使用了源素材或过度依赖源素材。

侵犯著作权通常是民事纠纷，而不是犯罪。侵犯他人著作权者一般不会有犯罪记录，但可能需要支付损失赔偿金。侵犯著作权也是对素材的复制，具体方式如同上文所述，同样也是没有正式承认，从字面意思来看，就是侵犯了原作者的著作权。复制素材者将别人的素材据为己用，出版素材，然后声称自己拥有著作权。因此，侵犯著作权是剽窃的一种，但由于侵犯著作权拥有特定的法律含义，我们才称之为“侵犯著作权”，而不是“剽窃”。其实是同一种行为，在不同的社会框架之内。

侵权行为的产生条件不仅仅是两部作品间的相似性，还涉及“受保护”的相似性的程度、类型以及相对重要性。历史事实、名称或想法都不是受保护的相似性。许多情节方面的轻微相似也不受保护。概念是否受保护，取决于该概念是否依赖于其在作品文本中的表达。如果复制了概念、角色或想法的特殊表达，那就是侵犯了这个作品的著作权，因为作品里受保护的内容遭到了侵犯。此外，过度复制，即复制了主要情节线、人物相似度过高，甚至是叙事顺序过于雷同，也可以算作侵犯著作权。

因此，我恳请读者，结合下文所列内容，判定布朗的作品是否剽窃了珀杜作品中关键概念的独立、特殊或与众不同的表达，并且判定剽窃的程度。读者如果看过这两名作者的作品，应该能够更好地判定是否侵权，但还是希望下文的内容足够帮助读者进行自己的判定。我将尝试对文本进行解读，希望能够帮助读者作出判定。

小说的整体结构

两名作者的小说均包含数条情节线。许多情节都围绕着小说主角开始寻找秘密文件的原因——这份秘密文件据说十分危险,极具“爆炸性”,因而许多教派都预谋用屠杀的手段来隐瞒秘密。

珀杜和布朗的作品中都有“爆炸性秘密”这个主题,在这两部小说中,一位知名的国际专家被一名教派成员杀害,主角随后开始寻找“爆炸性秘密”。在两人的作品中,被杀害的专家都是自己专业领域内第四个遇害的人(不是第二个、第三个或第五个,而是第四个),而且主角和专家碰巧相互认识,被杀害的专家都用血书的形式留下了最后的信息,而且在这两本书中,主角都被指控谋杀专家。详情参见图 4.1,柱状图表示相关细节描述在两名作者的作品中出现的页数。读者可以看到,图 4.1 反映了上文提到的七个情节,我认为能够从整体上体现出这两本书的相似性,其中有六个情节出现的顺序相同,而且在两人的作品中出现的页数也差不多。

例如,在《密码》的第 158 页首次提及秘密文件的存在,在《上帝》/《遗产》中则是第 175 页。文件包含的“爆炸性”秘密在《密码》的第 239 页首次提及,在《上帝》中则是第 226 页。专家遇害的情节——主角开始寻找文件的导火索——分别出现在《密码》的第 11 页和《上帝》的第 15 页。《密码》的第 22 页和《上帝》的第 15 页分别提及主角和专家相识。垂死之际的专家用自己的血留下遗言,这个情节在《密码》和《上帝》中,恰好都是在第 35 页出现的。只有主角被指控谋杀专家这个情节在两人作品中出现的页数有较大不同:《密码》早在第 47 页就提及了这个情

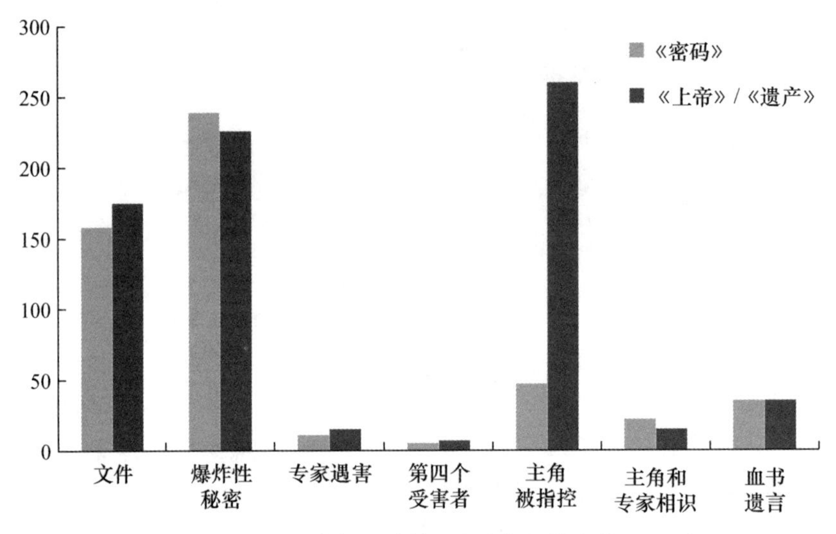

图 4.1　布朗和珀杜作品中的相似之处

节,而在《上帝》中则出现得比较晚,在第 260 页。因此,在珀杜和布朗的作品中,有七个较为相似的情节,其中有六个都是按相同顺序出现的。综上,我们的问题是,这些因素是受保护的吗?下结论之前,我们继续探讨其他相似之处,先看两人对男、女主角的描写。

先看男主角。他们年龄相仿、外貌相似,其个人焦虑症和障碍症的类型相似。他们都是宗教学教授,年龄都在四十岁左右,都对康斯坦丁大帝和女神特别感兴趣,而且都是研究达·芬奇的专家。鉴于这类小说的目标读者相同,主角的年龄相仿或许还可以解释,而且考虑到两人作品的主题都是宗教,男主角是宗教学专家也不足为奇。然而,在读者看来,两名男主角的学术兴趣似乎过于相似。有趣的是,两名男主角都患有轻微的幽闭恐惧症,都处于"情感空窗期"。这一点通常会给小说增添浪漫色彩,借此机会,我们来讨论一下两部作品中的女主角。有意思的是,两名女主角拥有相似的发色和瞳色,而且都不具备女主角的刻板特征,例如“身材苗条”“金发碧眼”“魅力十足”等。

两名女主角拥有相似的童年经历,少时遭遇家庭变故,由一名男性人物抚养长大,她们的教育经历和职业生涯也存在诸多相似之处。她们都成长于两个不同的国家,因此能流利地说两种语言。她们都对宗教和艺术感兴趣,精通密码学和伪造品鉴定,都就职于执法机构。她们的名字都与宗教、女神、《诺斯替福音》中的人物有关。跟两名男主角一样,两名女主角也拥有许多惊人的相似和雷同之处。在《上帝》中,作者没有指明佐伊的发色,但佐伊在《林兹》中的前身却有着赤褐色的头发;在《密码》中,索菲·奈芙的发色是“酒红色”。索菲和佐伊的前身一样,瞳孔是“闪亮的绿色”。两个女人一个“身材丰满”,一个“体型健壮”,不是常见于一般书本或电影中的那种身材苗条的女主角。此外,两名女主角的年龄相仿,都是三十岁左右,不过年龄这一点是完全在意料之中。

《上帝》的女主角佐伊·里奇韦是一名艺术品经纪人,其专业技能涵盖伪造品鉴定,对宗教很感兴趣,而《密码》的女主角索菲·奈芙是巴黎的一名警察,工作内容包括破译密码。索菲和佐伊一样,都对宗教很感兴趣,都具备艺术方面的专业知识。值得一提的是,珀杜早期的作品《遗产》中有名艺术记者苏珊娜·斯托姆,这个人实际上是一名中情局便衣特工。这些相似之处仅仅是巧合吗?

在《上帝》中,珀杜为佐伊·里奇韦这个角色名赋予的起源是《诺斯替福音》中的索菲亚女神。在《诺斯替福音》中,索菲亚女儿的名字其实就是佐伊。因此,珀杜笔下的女主角是索菲亚象征意义上的女儿。

布朗笔下的女主角索菲·奈芙,据说是玛利亚·抹大拉(耶稣所谓的妻子)的后人。按照著名作家玛格丽特·斯塔伯德(布朗承认曾请教过她)的观点,玛利亚·抹大拉在《诺斯替福音》中其实是索菲亚的替身,而布朗的许多研究都源自于《诺斯替福音》。换句话说,布朗笔下的女主角是索菲亚的直系女儿,而不是象征意义上的。

在珀杜和布朗的作品中,索菲亚女神都因为教会权威而蒙受冤屈,教会权威剥夺了索菲亚在教会中应有的女神地位。在两本书中,为了证明索菲亚在教会中不可动摇的女神地位,复兴"圣女"在宗教中的核心地位,主角们开始寻找"爆炸性"文件,以证明索菲亚与耶稣之间的关联。

下文将会涉及这些秘密文件是如何被隐藏起来的,被谁藏起来的,又是如何重见天日的。在此之前,我们先来看一下两部作品中一个有趣的相似之处,实际上也是一个错误之处。

文艺复兴时期的科学家、艺术家列奥纳多·达·芬奇写过一本名为《莱斯特手稿》的书。《莱斯特手稿》是写在亚麻布纸上的,但珀杜在其作品中误记成了羊皮纸,互联网和其他媒介上的许多其他研究都没有出现这种错误。这个错误却在布朗的作品中得以重现。说到这里,我想请各位读者考虑一下这件事意味着什么,自行判定布朗是否侵权。我认为,这两名作者都在作品中提到《莱斯特手稿》是记录在羊皮纸上的,除此之外,其他任何地方都不曾有这样的记录。如果两名作者的作品中出现了同样的错误,法庭通常会判定为侵犯著作权。你觉得呢?

上文提到,秘密文件包含的信息太具有"爆炸性",以至于会给天主教会的未来造成毁灭性的后果。因此,喜欢看惊悚小说的读者知道,作者接下来会围绕着文件的出现、文件的搜寻、文件的最终揭秘展开一系列复杂的叙述。

珀杜的《上帝》中提到了一枚金钥匙,藏在《救世主夫人之家》这幅画里面。这枚金钥匙(连同一个带有账号的金锭)能打开一家苏黎世银行的一个保险箱。但这枚钥匙并不是能开锁的那种钥匙。

布朗的《密码》中也有一枚金钥匙,但不是藏在画作里面,而是藏在《岩间圣母》这幅画的后面。这枚激光切割的金钥匙也能打开一家与苏黎世有关的银行的一个保险箱。同珀杜的描述一样,布朗书中的钥匙也是开不了锁的那种钥匙。有趣的是,两本小说中的画作都是画在木板上的(通常情况下,这说明作者想将画作与特定的时期和地区联系起来,因为大部分画作都画在帆布上,木板只是一种替代画材)。

在《密码》中,索菲和兰登在卢浮宫时,她发现了藏在画后面的钥匙。读者知道,这本小说一开始就讲述了卢浮宫馆长被一名秘密兄弟会成员谋杀的情节。

馆长在垂死之际写下了一条信息,就写在《蒙娜丽莎》这幅画的玻璃保护罩上。这条信息向索菲透露了钥匙的藏身之处,如上文所说,这枚钥匙就藏在《岩间圣母》的后面,就在馆长遇害的那个展厅。馆长实际上是索菲的祖父。

在《上帝》中,画作、女主角和馆长之间也存在关联:馆长麦克斯将藏有钥匙的画作送给了女主角佐伊,杀害馆长的也是一名秘密社团的成员。

在《密码》中,苏菲发现钥匙后感到十分困惑,关于如何处置这枚钥匙,她没有收到任何指示,而且这枚钥匙看起来也不像一把“正常的”钥匙,更像一种密码。这枚金制的钥匙表面有一连串激光打出来的小洞和浮雕,只有激光才能识别出来。索菲凭着这把钥匙先是进到了停车场,然后进入了银行大楼。在上文中,我提到这个银行是“与苏黎世有关的”一家银行,这个银行实际上是巴黎的苏黎世商业银行。和《上帝》中的情节不同,这家银行不在苏黎世。在《密码》中,这枚钥匙最后可以控制一台由电脑操控的设备,帮助主角打开藏有文件的保险箱——具体细节我将在下文详述。

上文提到《上帝》中的佐伊收到了油画。她和赛斯找到了装裱这幅画的画店的老板,在和老板的谈话中,他们知道如果将这幅画带到指定的一家苏黎世银行,就能打开一个重要的保险箱(如上文所述,钥匙嵌在油画里面)。(关于珀杜书中的这幅画,画家是真实存在的,但这幅画却是杜撰的,画作名字中的"夫人"和"救世主"两个词有重要的象征意义。)

布朗书中的画,确实是由画家达·芬奇所作,达·芬奇在木板上画过两个版本的《岩间圣母》,其中一幅在伦敦的国家美术馆,另外一幅就在卢浮宫。

在珀杜的作品中,主角需要把钥匙和金锭从画作里取出来。金锭上不仅有账号,还能在打开保险箱时充当平衡块,保险箱里面有个密码盒,解码后秘密文件才会出现。

在布朗的作品中,金钥匙上的小洞和浮雕,以及钥匙的印记可以启动一个复杂的技术装置,将保险箱传送出来,保险箱里还有个盒子,上面有木雕拼图,只有拼成正确的图形才能打开盒子。

在珀杜的作品中,保险箱里有一个手提箱,只能用密码打开。关键之处在于,两人的作品都提到主角使用一把非比寻常的钥匙来打开一个保险箱,保险箱里还有一个容器,解码后才能发现秘密,而这个秘密正好涉及索菲亚女神在教会中不可或缺的地位,而教会却试图通过一个秘密兄弟会来掩饰这一点,使用的手段包括派人谋杀馆长。

在两部小说中,主角都是根据容器里的信息进入下一条情节主线——前往另一个国家。在布朗的作品中,主角从巴黎去往了伦敦,而在珀杜的作品中,主角从苏黎世去往了萨尔斯堡。

在两部作品中,最终的文件应该都在目的地,珀杜笔下的男女主角找到了文件,但在布朗的书中还有另外一个小插曲。布朗的男女主角没有找到文件,但在珀杜的书中,文件遭到了毁坏。

说到这里,读者可能会开始思考上文论述的内容是否构成剽窃。我需要说明的是,截至目前的内容与语言学没有任何关系——多数关于剽窃的学术研究都和语言学无关。到目前为止,我所做的仅仅是论述两部作品在文字和概念上的相似之处。从现在开始,我将从语言学的角度来进行论述,可能会涉及一些生僻的术语,我会尽量减少这种术语的使用。

首先我要介绍一个重要的术语概念——框架。

对于语言学家来说,框架是人类思维的一部分。我们的言语行为建立在框架的基础上。框架包含两人(或多人)之间典型交流的要素。因此,去快餐店点一份外带的汉堡薯条时,你可以预料到接下来发生的一系列事情。例如,在通常情况下,你会排队等待服务员提供服务,轮到你点餐时,服务员可能会问你想点什么,接着你会点单,然后服务员会问你想要大份、中份还是常规份的,你会说明你的要求。服务员这时会走开,备餐,打包,然后请你付钱,你付钱后服务员会找你零钱,并对你表示感谢。你对他们表示感谢后说再见。从语言学的角度来说,这一切都是可预见的,也就是我们所说的“框架”——该结构包含语言支撑(快餐店)和一些普遍存在的连接要素,即服务过程、点餐要求、确认点单、问候语等。

你不会设想服务员突然开始辱骂你,或者是询问你的父母是否在世。同样的,服务员也不会设想你向他询问有关租车或保险单的问题,因为在快餐店点餐的认知框架里不包含这些要素。

在珀杜—布朗的案例中,布朗在某些场景描述中借用了珀杜的框架并对其进行了修改。我认为布朗修改框架时改变了其表面特征——从主框架中摘取一些简单要素,然后对要素进行详细的阐述。详情参见下文例证。

在珀杜的《上帝》中,男女主角在某一时刻需要进入一家瑞士银行取回保险箱里的东西。他们的目标就是找到教会极力隐藏的文件。在布朗的《密码》中,男女主角也要进入一家银行,也要打开一个保险箱。他们不知道保险箱里有什么,但最终却发现是一份重要的教会文件,文件揭露了可能会令教会蒙羞的秘密。在下面两段节选内容中,男女主角被带进了一个房间,两本书中都将这个房间称作"预看室(viewing room)",两名作者分别对这个场景进行了描述。无论是珀杜书中的人物,还是布朗书中的人物,在进入房间的时候,都不知道需要密码来打开保险箱,也不知道这个密码到底是什么。他们是在银行里破解出密码的。

Perdue:

Ridgeway and Zoe looked silently about them. The room was the size of a luxury hotel room and furnished in much the same way. Besides the sofa and chairs, there was a television set, a rack of current magazines, a small computer terminal displaying financial quotes, and a wet bar stocked with liquor. Ridgeway went to the wet bar, set the wrapped painting down on the counter, and filled a tumbler with water from a chilled bottle of Perrier.

【译文】

珀杜:

里奇韦和佐伊安静地环顾四周。这个房间和豪华酒店的房间差不多大,里面的布置也都差不多。除了沙发和椅子之外,还有一台电视机和一个时事杂志的架子,一台显示着金融信息的小电脑,以及一个装满酒瓶的小酒吧。里奇韦径直走到了小酒吧,把包好的画作放在吧台上,打开一瓶冷藏的毕雷矿泉水倒进酒杯里。

Brown:

Langdon and Sophie stepped into another world. The small room before them looked like a lavish sitting room at a fine hotel. Gone were the metal and rivets, replaced with oriental carpets, dark oak furniture, and cushioned chairs. On the broad desk in the middle of the room, two crystal glasses sat beside an opened bottle of Perrier, its bubbles still fizzing. A pewter pot of coffee steamed beside it.

【译文】

布朗:

兰登和索菲仿佛置身另一个世界。他们眼前的小房间看起来像是豪华酒店里奢华的会客厅。金属架和铆钉不见了,取而代之的是东方地毯、黑橡木家具和带软垫的椅子。房间中央的大桌上放着一瓶已经打开的毕雷矿泉水,旁边摆着两个水晶玻璃杯,矿泉水里的气泡还在嘶嘶作响。桌上还有一锡壶冒着热气的咖啡。

可以看出,这两段节选内容描述了两个相似的场景。我们需要思考两个有关框架的问题:

1. 两名作者的描述背后是否存在一个共同的认知框架?

2. 如果存在这样一个共同的认知框架,我们是否可以认为他们描述的场景是类型化的,由此判定不存在剽窃的问题?

和大多数人一样,我从没去过瑞士的银行。因此,我没有任何与此类机构相关的个人经历框架。我猜想两名作者也没有去过瑞士的银行。因此,假设第二段节选内容的创作独立于第一段节选内容,两名作者都需要从零开始刻画场景,或者对一个已经存在的场景框架进行改编。他们的创作来源是什么呢?他们或许看过展示瑞士银行内景的影片,或许在某本书中读过描写瑞士银行的内容,又或许在杂志里看到过瑞士银行的图片。就算这些都不是他们创作的来源,我们可以认为,大多数较富裕国家的人对瑞士银行有一定的概念,他们知道只有富人才会经常出入瑞士银行,那里可能散发着富裕的味道。因此,我们可以说,关于"瑞士银行",许多人都有相关的认知框架。如此看来,比较可靠的说法是,两名作者的描述都是基于这种常识性的非个人认知框架。事实真的如此吗?

回答这个问题之前,我们需要考虑剽窃的一个有趣之处。剽窃他人的语言文字时,剽窃者需要掩饰自己的剽窃行为。这就意味着剽窃者不能使用和文本一样的词汇,他需要对源文本中的词汇和词组进行改写。从语言学的角度来看,这个过程很有意思。我们选择词汇时,基本上不用加以思考。词汇快速出现在我们的脑海里,然后我们不假思索地写下来或说出来。然而,这样的过程对于剽窃者来说却是一种奢求。剽窃者需要避免使用最常用的词汇,因为源文本中可能已经包含了这些词汇。因此,剽窃者需要改编认知框架中的词汇部分——有效地改变词汇,从而达到掩饰剽窃的目的。通常情况下,这种做法或多或少会导致剽窃者的词汇选择欠佳。归结到实践中去看,剽窃者会频繁使用原作者在描述某事或谈论某事时不常用的词语。我将原作者使用的称作"一线"词汇:这种词汇是潜意识里最有可能使用的词汇,是常见、日常的语言,大部分读者都能明白。而剽窃者只能使用"边角料",即"二线"词汇:可能达不到最佳效果。

因此,"luxury(豪华)""sofa and chairs(沙发和椅子)""tumbler(酒杯)"和"chilled(冰镇)"等出现在珀杜书中的词汇都是潜在源素材。在布朗的作品中,这些字眼变成了"lavish(奢华)""cushioned chairs(带软垫的椅子)""crystal glass(水晶玻璃杯)"和"fizzing(嘶嘶作响)",相较于珀杜作品中的词汇,这些词汇或词组并不常见。比如"lavish(奢华)",这个词的使用频率是"luxury(豪华)"的十五分之一[1],而"fizzing(嘶嘶作响)"和"chilled(冰镇)"的使用频率也基本上是这个比例。由此引出了一个问题:为什么布朗不使用更加常见的词汇呢?我们可以说,他在尝试刻画一种极为豪华的场景:关于豪华的场景,我们自然而然会想到东方地毯这样的东西。布朗似乎在极力描绘一种极能引起共鸣的华贵场景,例如,他提到了锡制咖啡壶。但是,我们至少可以从一个角度来反驳这种观点:布朗提到了带软垫的椅子、东方地毯和黑橡木家具,以及一张"大桌",给读者的印象是房间里的家具很多。然而,他对这个房间的描写是"豪华酒店里奢华的会客厅",读者无论如何不会联想到一个杂乱的房间,因为这不符合"奢华"的概念。因此,读者看到这里会觉得比较奇怪,回过头来重新看一下节选内容,我们会发现,虽然房间里有一张"大桌"、有"东方地毯(不止一条)"、有"带软垫的椅子(没有说明数量)",还有"黑橡木家具",但这个房间其实"很小"。

我认为,布朗的节选内容中还有两点与珀杜描绘的场景有些相似。在珀杜笔下的场景中,我们注意到主角似乎对眼前的场景感到很惊讶:他们安静地环顾四周,然后带着读者一起观察房间里面的布置。我们无法确定主角是否感到惊讶,但“安静地”这个词肯定能够体现出这一点。在布朗笔下的场景中,我们也能感受到主角的惊讶,因为“金属架和铆钉不见了”,眼前的场景似乎出乎意料。当然,我们可以认为,在一家传统的瑞士银行里,客户的预看室里不大可能会有“金属架和铆钉”这种东西。在珀杜笔下,表现了主角们的惊讶(如果是惊讶的话)之后,便开始描写房间里面的东西。有的读者可能会疑惑,既然珀杜和布朗都描述的奢华场景是一般人可以想象到的,为什么两人笔下的主角们却似乎都感到很惊讶。或者说,令读者疑惑的是,为什么布朗笔下的场景与珀杜的如此相似?从角色的角度来说,为什么两人笔下的场景让主角产生了十分相似的行为?尽管房间的奢华是一般人能够想象到的,但主角们都没有说话,而是表现出了惊讶的感觉。我们还注意到,两段节选内容的最后都提到主角喝东西,此处的表述几乎一模一样,只不过珀杜文中的主角用的是常见的“酒杯”,而布朗的主角用的是不常见的“水晶玻璃杯”。

法庭上围绕这些问题展开的辩论可谓是极具戏剧性色彩。纽约地区法院的丹尼尔斯法官决定自己阅读两人的作品,然后作出判定,不顾我和其他几位专家,包括一位文学教授,提交的相关证据。几个月后,法官判定不存在剽窃或侵犯著作权的问题。他认为所有的相似之处都是“通用表述”,是巧合而已。因此,他裁定无案可辩,并且驳回了珀杜的诉讼请求。珀杜又以下述理由为依据提起了上诉:首先,他表示丹尼尔斯法官误解了我们提供的一些证据,包括我们提出的珀杜在作品中描述的与康斯坦丁大帝相关的事件不是历史事实而是虚构内容。布朗在作品中对康斯坦丁的解读与珀杜的极为相似,这不是史实问题的重复,而是虚构内容的复制。其次,法官声称自己阅读这两本书时站在"普通读者"的立场,我们对这点提出了质疑,我们认为法官不能算作一名"普通读者",因为他的工作就是以专业的眼光来阅读所有文本。如果丹尼尔斯法官真想了解普通读者的观点,他为什么不使用陪审团或者特定的读者陪审团呢?以此为依据,珀杜一路上诉到了美国最高法院,但最高法院最终却维持了地方法院的判决。最高法院认为丹尼尔斯法官只是依法判案而已。

不过,最高法院还是将案件打回了纽约地区法院,要求地区法院就诉讼相关费用的问题作出判决。法官判定珀杜提出索赔的做法是正确的,但该索赔要求在本质上没有合理依据。这就意味着珀杜不需要支付出版商因诉讼产生的费用。珀杜感觉自己"沉冤得雪",他说"虽然是兰登书屋和索尼影视起诉我的,但至少我不用帮他们支付 31 万美元的诉讼相关费用"。

好了,现在需要读者们来进行判定了:在你们看来,布朗侵犯了珀杜的著作权吗?

——注释——

1. 语言学家会使用大量文本材料来评估词汇的使用频率。这种大量的文本材料叫作"语料库(corpus)"(复数形式为"corpora")。我们还会使用互联网搜索引擎来评估词汇使用频率。

5. 日记现端倪

2002年至2004年间，林肯市发生了一连串割轮胎、泼油漆和烧棚子的事件。迪克森街、骑士街和莎士比亚街周边地区受到的冲击尤为严重。这些事件总是在夜间发生。许多居民起床后发现，停放在附近的几辆车的轮胎被割破，无法驾驶。一些人在吃早餐的时候向花园望去，结果却看到他们的棚屋变成了正在燃烧的残骸。还有一些人发现自己的汽车和货车被泼上了油漆。根据这些事件的性质，警探和消防专家得出结论，这一连串的犯罪很可能出自同一人之手。警方调查了几个月后毫无所获，居民们的投诉越来越多。最终，警方收到了一条线报，逮捕了一名当地的男子。

然而，对38岁的西蒙·弗雷德里克·巴利进行了几个小时的讯问之后，警方仍未取得进展。他不停地告诉警方，他患有阿斯伯格综合征，身体状况不佳，不宜接受讯问。在一次讯问进行到一半时，他要求看医生。医生建议警官们不要继续讯问。巴利被保释回家。一段时间之后，在他家发现了几本日记，从几年前记录至今。警方发现日记中描述了许多他们正在调查的罪行，以为自己抓住了绝佳证据，但巴利先生才不会如此轻易地伏法。他否认了这些罪行，声称自己在被捕后拼凑了这本日记，他的说法是，既然已经被指控了，干脆弄出有罪的表象。

由于日记中包含了许多有关犯罪的细节，警方认为这一解释并不完全可信，并询问巴利他的信息从何而来。他说他看了旧报纸，和几个邻居（那些车辆和财产遭到破坏的受害人）交谈过，从中获得了他需要的所有素材。警方还向巴利指出，日记中记录了很多“正常”的事件——看牙医、购买自行车、购物旅行、家庭出游，甚至包括购买物品的细节、他在特定场合遇见过谁、在特定时间去过哪里等等。巴利解释说，他有一本“真正”的日记，他从那段时间的记录里复制了这些事件，并销毁了原件。

对于司法语言学家来说，不同文本之间的同期性是一个特别有趣的问题。刚开始从事司法语言学工作时，我致力于分析警方供词声明。这在某种程度上可以归因于 1985 年前实施的《警方供词声明议定》。在此之前，警察通常会先记录嫌疑人的招认情况，然后写进口供。在过去，没有任何外部证据能够证明嫌疑人确实供认了罪行，导致一些被定罪的囚犯上诉，理由是他们遭遇了“文字游戏”，也就是说，他们的言辞遭到了修改。然而，自从允许录音讯问的《警察和刑事证据法》出台以来，同期性问题就很少涉及，但在以前的一些案件中，定罪依据仍然是供词，有些人声称这些供词是捏造的。例如，在一个案例中，人们发现讯问记录是在供词完成后写的。[1]

在本案中，我要弄清楚这些罪证事件与非罪证事件之间是否有明显区别。众所周知，日记这种文本的分析难度很大，原因如下：

- 日记可以结合正式文本和非正式文本；
- 日记可以面向不同的对象（写日记的人、日记本、不在场的朋友等）；
- 写日记往往是为了迎合作者的自我认知，而不是为了真实地记录事件；
- 日记经常结合记叙、描述和独白的手法。

基于以上因素，我分析了日记中的一些风格特征：

1. 省略主语代词,例如,用“遇见了乔治”来表示“我遇见了乔治”;这很有意思,因为在 2003 年的日记中这个特征似乎经常出现;

2. 使用所谓的表情符号,例如笑脸☺或皱眉☹,使用表情符号似乎是为了强调某个观点或表达对某种情况的态度;

3. 记录事件时佐以插图,包括地图、图表或心形,大概是为了表示情感;

4. 使用下划线,这显然是为了强调单词或短语;

5. 使用括号,显然是为了扩展某一点,或者是为了淡化非必要的素材;

6. 使用引号来强调单词或短语。

探讨一般性问题时,可以将作者风格描述为各种识别特征的集合,这些特征可能规律地出现在给定作者的文本中。作者形成特定风格的影响因素包括早期的语言影响、教育、社会交往以及接触各种媒体(如报纸、电视、电影、书籍等),还有一个比较常见的因素——使用互联网。随着时间的推移,作者的风格可能会发生某些方面的变化,最常见的是个人词汇量的扩充(一种脑海中的“单词列表”)。在成年人的生活中,这种变化往往可以归因于媒体的影响。疾病、婚变、变换住址或职业、丧亲之痛、创伤、牢狱之灾或个人生活中的任何其他重大变化也会导致风格变化。至关重要的是,作者风格还取决于主题、语域、对象与作者的关系以及其他语境因素。因此,举例来说,写给雇主的正式信件与写给朋友的非正式信件会表现出不同的特征。

因此,如果与犯罪行为有关的材料是巴利后来添加的,而不是与其他非罪证事件同时记录的,如果,(a) 撰写这些材料的时期不同,(b) 这些材料的主题不同于其他事件,那么就有可能通过风格特征来区分日记中事件的类型,包括罪证事件和非罪证事件。换句话说,我们很可能会发现罪证事件的记录具有非罪证事件记录所不具备的风格特征。毕竟,我们面对的是近三年的时间跨度、完全不同的话题范围,以及可能涉及的语域和体裁的问题。

我对罪证文本和非罪证文本进行了采样,对风格特征的出现频率进行了简单计算。在我看来,如果这些特征在两组样本中出现的频率相似,就有可能证明,犯罪行为记录与日记的其他部分是不可分割的,而不是像巴利声称的那样,是在之后的某一天添加进去的。从另一方面讲,如果样本之间的特征分布不同,则会得出相反的结论。我计算了这些特性,绘制了一个图(见图5.1),以便进行可视化比较。

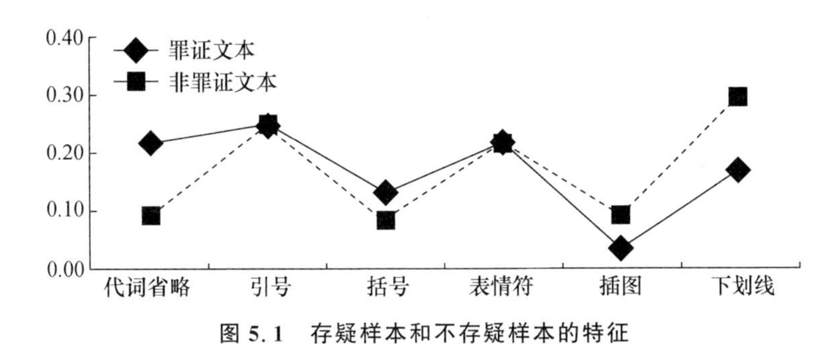

图 5.1　存疑样本和不存疑样本的特征

从以上图中可以看出,不同类型样本的特征分布没有很大差异。我应该强调一下,这不是数据统计性图。仅凭图不能证明这些样本之间存在显著的数据统计性差异。它只是一种可视化的辅助工具。然而,就我所见,我不能说样本之间的差异很大:它们似乎不是两种不同类型的记录。

接下来我需要研究衔接的问题。衔接是语言学家用来描述文本结合方式的术语,是一种文本黏合剂。举个简单的例子,“弗雷德走进房间。他打开窗户”。在这里,“他”显然与弗雷德有关——除非作者故意模糊表达或制造误解。我们称此处的“他”为回指词，它回指的是“弗雷德”。回指只是衔接的一种。其他衔接手段包括时间副词，例如“那时”“现在”“以前”，地点副词，例如“那里”“某处”等等，还有逻辑关系词，例如“因此”“所以”“结果”等等。

衔接的方式有两种：可以在同一个文本或节选中，即内部衔接；另外，两个文本或节选之间也可以出现衔接，即外部衔接。“外部衔接”这一术语也可指代不同类型文本之间的文本关联——在本案例中是日记的罪证事件和非罪证事件。因此，在2003年5月1日的日记中，巴利写道，他开车带邻居乔治回家。乔治告诉他，他们的另一个邻居史密斯夫人告诉大家，正在领取失业救济金的巴利夫人其实是有工作的。2003年5月2日，巴利记述了他如何切断史密斯夫人的公共照明电源，并把她的垃圾箱扔进河里。在第一篇日记中，他把史密斯夫人称为“老猪猡”，并称自己“怒不可遏”。在第二篇日记中，他称史密斯夫人为“老母牛”，并说自己痛恨“她”。需要注意的是，2003年5月1日的日记不是罪证记录，其中没有任何有关犯罪行为的信息。第二篇日记是一个罪证，从中可以看出巴利声称做过某些事情。因为罪证记录和非罪证记录之间存在衔接，所以很难相信这些罪证记录是后来添加进去的——这两种记录之间存在很强的文本关联。

在其他例子中，我们发现犯罪活动的描述穿插在日常活动之中。例如，2003年6月2日，巴利写道：

> Mary's 13th driving lesson 
>
> "Stalked the night" No tyres tonight, but set fire to a litter bin on Dixon Street and (from a discreet distance)

watched the fire brigade put it out. 

Decided not to "stalk the night" any more. I've had enough fun. Posted all the documents J ______ will need to apply for her visa.

【译文】

玛丽的第 13 次驾驶课

"深夜追踪"今晚没有轮胎,但是在迪克森街的一个垃圾箱里放了火,并且(保持安全的距离)看着消防队把它扑灭。

决定不再"深夜追踪"。我已经玩够了。寄出了 J 申请签证所需的所有文件。

在这篇日记中,巴利先生对犯罪活动的详细描述穿插在两个非罪证事件之中,"戴安娜的第 13 次驾驶课"和"寄出了所有文件"。如此看来,既然罪证文本的位置是这样的,那么他的说法(将罪证文本添加进既存的日记中)就站不住脚:他将罪证文本穿插在两个无关紧要的事件之间。这意味着如果真的存在"原始"日记的话,那这本日记是经过编辑的,而不仅仅是添加了内容。此外,还有一点比较古怪,他对当晚活动的描述以"今晚没有轮胎"开头,具有否定意味。既然他声称自己撰写犯罪记录的目的是自证其罪,那么就不该出现否定意味的开头——这实际上就是否认。相反,我认为他采用否定性的开头,是因为这个开头的陈述实际上是真实的——他只是在陈述一个事实。

此外,"决定不再深夜追踪"这句话也体现了同期性的问题。首先,从中能看出日记中的短语"深夜追踪"可能与犯罪行为有关,或者至少与犯罪意图有关(尽管日记中描述的犯罪行为并不全都伴有“深夜追踪”这个短语）。其次，他声称自己决定不再“深夜追踪”，就像他说的“今晚没有轮胎”一样，是一个带有否定意味的表达，表述的是不去做某事的意图。同样，如果在日记里记录罪证的目的是自证其罪，那么巴利就没有理由否认自己有犯罪的意图。我们发现“深夜追踪”这个短语经常出现在其他非罪证记录中，我认为可以作出这样的推定，包含“深夜追踪”这个短语的记录与非罪证记录具有同期性。

经过分析，我在2003年的日记中找不到任何证据表明巴利没有如实记录这些事件。因此我得出结论，没有任何证据表明这些罪证材料是后来添加的。基于这个原因，巴利先生销毁了旧日记的说法是不可信的。巴利先生的这本日记似乎是一次性创作出来的，并不是他所说的那样，后期增加了内容。

最终，巴利将罪行“全盘托出”，招认了35起割破轮胎事件和19起纵火事件，此外还有其他各种犯罪行为，比如用油漆罐砸坏面包车。林肯刑事法庭毫不犹豫地判定罪名成立，但至今仍未判刑，因为巴利声称自己身体状况不佳，所以我在本篇中不得不使用“巴利”这个化名。

——注释——

1. 1978年，卡尔·布里奇沃特被谋杀。其中一名嫌疑人帕特·莫洛伊声称供词非他口述，部分内容是“提供”给他的，他还被问了问题。后来，ESDA的分析证实，这些记录是在形成供词之后完成的，而不是在形成供词之前。参见1997年2月22日的《泰晤士判例汇编》。

6. 球棒威胁

想象一下这样一个画面,你大概 17 岁,有人用棒球棒威胁你。如果这还不够糟糕,想象一下你是个盲人。一天早上,你的手机响了。你接起来,听到手机另一端的人说:“我给你的膝盖准备了一个棒球棒。”

这起案件的背景是,英格兰南部一所盲人学校的两名年轻人为了一个女孩发生了争执。男孩们互相怒骂,很不愉快。学校尽了最大努力想要解决这个问题,但收效甚微,最后,其中一个男孩离开了学校。留在学校的男孩就是那个接到威胁电话的人。他认为电话那头的声音属于另一个男孩的父亲。警方接到了报警电话,讯问了嫌疑人。

报警的男孩镇定自若地把谈话录了下来。他之前接到过一个匿名电话,所以已经有了心理准备。对一个失明的人来说,录音这种操作不仅需要急智,还需要冷静的头脑,尤其是在受到威胁的情况下。

这通电话也是用手机打的,来电者的号码被屏蔽了。在英国,这一点很容易实现。然而,在另外一些国家,这是不可能实现的。通话录音是一部手机打给另一部手机的,这意味着通话的音质可能比座机之间通话的音质差。案发地警方给了我明确的指示:弄清楚匿名来电者和已知的说话者是否为同一个人。[1]

一些读者对如何处理此类调查比较感兴趣，可以将声音辨认分解成几个独立的方面：

- 第一，这两个样本明显是同一方言/口音吗？
- 第二，声音是同一类型的吗？
- 第三，注意某些语音(所谓的“音素”)的发音，已知声音中的发音和存疑声音中的发音是否相似？

关于第一点，这两种声音都属于同一种方言，即威尔士西北部的方言。这种方言有一个特点，许多人“k”的发音方式比较独特。比较像一些说苏格兰方言的人发“loch”这个单词的最后一个音。这个音靠近口腔后部一个叫作软腭的区域，因此被称为软腭音。包含这个音的单词有“kneecaps”“college”和“got”。“got”中“g”的发音类似于“k”，只不过发“g”这个音时，声带会振动，但发“k”这个音却不会。你可以试试看。正如你所听到的那样，除去声带振动的因素，这两个音是相同的。在讯问中，嫌疑人提到儿子时说，“他不知道自己是来(coming)还是去(going)”。这两个单词中的“k”和“g”都是软腭音。虽然在这个人使用的这种方言中，“k”和“g”经常被发成软腭音，但接受讯问的这个人表现得尤为明显。在我看来，比一般的方言使用者明显很多。我认为这是一种特征。

此外，这个说话者还具备另一个有趣的特征，那就是“speak”之类的单词的发音方式。在通话过程中，他嘲笑这个失明的男孩，说“跟我说话(speak)”。他把“speak”这个单词念成了“sbeak”。我注意到“kneecaps(膝盖)”这个词也发生了同样的变化，被他念成了“kneecabs”。在接受警方讯问的过程中，嫌疑人再次提到他的儿子和另一名男孩发生冲突的那段时间，他说，“已经过去很多(period)年了”。此处的“period”听起来更像

“beriod”。

下一个要考虑的问题是,声音是否属于同一类型。语音学家采用一系列描述符来区分语音类型。玛丽莲·梦露的声音属于比较极端的一种声音——尤其是在这种声音最具诱惑力的时候。听这样一种声音,你会产生一种十分强烈的感觉,觉得自己得到了“恭维”或是被说话的人诱惑。这种声音在大多数情况下,仅仅是气流声。声带张开,气息绵延不断,就像一股持续不断的气流。这就是语音学家所说的“气息明显”的声音。与之相对的另一种比较极端的声音,听起来就像一扇门在吱吱作响。你可能还记得基辛格博士,他曾在20世纪70年代任美国国务卿,足迹遍及全球。他说话的声音带有嘎吱作响的感觉。你可以亲自试试。你要做的,就是尽可能降低你的声调,发“啊”这个音。这样就能听到那种嘎吱作响的感觉了。很自然的,人们将这种声音称作“嘎吱作响”的声音。发出这种声音时,声带的一端几乎完全闭合。演员亨弗莱·鲍嘉就具有这种嘎吱作响的嗓音,时事评论员也经常使用这种声音。这种声音也被称为“专家嗓”。但是,不要以为只有男性才有这样的声音,女性也可能具有嘎吱作响的声音。同样的,男性也可以具有气息明显的声音。演员德雷克·尼莫就是一个很好的例子。如果你不熟悉上文提及的这些人,而电脑就在你旁边的话,你可以在Youtube视频网站上搜索一下。你会找到有关上述每一个人的很多参考材料,可以亲自听一下这些人的声音。

介于“气息明显”和“嘎吱作响”之间,还有比较正常的常态嗓音。嫌疑人的嗓音就是这种:他的发声方式完全折中,只有一点例外。他的声音很紧张,甚至能从中感觉出压力。这似乎不仅仅是因为他处于令人紧张的情境之中,无论是在通话中还是在警方的审讯室里。这种特点似乎是一直存在着的。

在警方的讯问过程中,他一再否认打过恐吓电话。然而,基于已知声音和存疑声音的相似性,我觉得很有可能是他,我在报告中也如此记述。在某一阶段内,他一直否认自己负有责任,但后来——这种情况时有发生——他在法庭上改变了主意,决定认罪。法院判定他恶意通讯罪名成立,这是一项严重罪行,他被处以高额罚款。治安法官说,如果不是因为他的年龄和健康问题,他面临的后果可能会更严重。

大约在同一时间,我开始进行另一项声音辨认工作,案件来自于北威尔士。大约凌晨 2 点,雷克斯汉姆附近的一对夫妇遭遇入室盗窃。盗贼偷走了信用卡、手机和这对夫妇的汽车。在酒精和毒品的刺激下,犯罪分子驾驶着汽车在城镇里肆意狂奔,把他们在车里找到的个人物品扔了出去,其中包括男性受害者的工作服。然后,他们把这对夫妇的车砸坏,丢在一个住宅区里。不一会儿,盗贼接到了一个电话。电话另一端的声音似乎是女性受害者,但盗贼并不知道他们实际上是在和一名警官通话。女性受害者非常聪明地组织了对话,最大限度地让这两个年轻的盗贼多说一点话。这对声音辨认工作非常有帮助,这项工作需要尽可能多的说话声音、声音表达指征和语音动态。

基于对当地犯罪团伙的了解,警方似乎能够辨认出这些声音,第二天早上,警方对雷克斯汉姆附近的几所住宅进行搜查,其中包括 23 岁的安德鲁 · 卡文尼和 21 岁的丹尼尔 · 罗伯茨的家。除了与车内盗贼的通话录音,我还收到了讯问录音,每一位嫌疑人都接受了讯问。

讯问录音的音质与电话录音有很大的不同,尤其是手机录音。讯问是在所谓的 PACE 房间里进行的。PACE 指的是《警察和刑事证据法》(Police and Criminal Evidence Act)。该法案于 1985 年出台,主要是为了规范刑事案件中的犯罪嫌疑人和证人接受警方讯问的方式,以及其他事宜。在此之前,PACE 讯问没有录音,而是以笔记的形式记录下来,然后汇编成证词。这导致许多嫌疑人声称他们遭遇了警察的"文字游戏"。这种文字游戏就是对证词进行修改,来"迎合"某人的罪行。对讯问进行录音杜绝了大多数证词遭到修改的说法,因为如果磁带的音质足够清晰,通常就不会有关于所说内容的争议。

与大多数讯问录音的音质不同,手机通话录音通常会给语音分析师带来清晰度、信号干扰和环境噪音等问题。在本案例中,嫌疑人一边开车一边说话。对于声音辨认这项工作而言,行驶中的车辆并不是一个很好的声音环境,尤其是在车窗打开的时候。

这两种声音似乎都来自雷克斯汉姆地区。年龄较大的那名男性念"back"和"smack"之类的单词时,他的声音具有很高的辨识度。在通话过程中,他对打电话的人说她很幸运,他没有上楼到她的卧室叫醒她。他说自己经常这样做,喜欢给女性受害者狠狠的"smack(耳光)"或"slap(巴掌)"。我发现这个说话者的声音非常独特:他的声音洪亮刺耳,带有鼻音,这在通话录音和警方讯问录音中都很明显。

第二个声音也很独特。说话者似乎患有口吃,经常以特定的方式篡改句子语法。口吃的人大约只占总人口数的 3%,而且并不是所有口吃的人都像这个嫌疑人一样有语法问题。显然,这个人说话时非常紧张,一旦他开始结巴,就会出现语法混乱的问题,添加不恰当的单词,有时甚至还会编造单词。

若不是他们犯下了严重的罪行，对这两名罪犯进行的PACE讯问其实很有趣。他们近乎病态地否认自己的罪行。关于自己的去向，他们编造了许多绝妙的借口。然而，他们的声音完全背叛了他们。面对声音辨认的证据，他们最终承认了自己的罪行，被判处三年监禁。

——注释——

1. 为了保护这次事件中的受害者，我没有透露本案件中任何可以辨认出身份的细节。

7. 知名律师化身控制狂？

这个案例涉及一名律师的房产承租人的索赔。据称，该律师在劝说他们租下自己的房产时使用了不当的影响力。为了支持他们的主张，房客们举出了几名证人，据说这些证人能够各自记住这名律师几年前所说的“原话”。

这名叫惠勒的律师住在英格兰东部，把房子租给了阿尔特弥斯夫妇拥有的一家疗养机构。一段时间后，该疗养机构停止向惠勒律师支付租金。由于房客停止支付租金，惠勒先生起诉了他的房客。房客们反诉说，惠勒先生向他们作了虚假陈述，诱使他们承租他的房产。惠勒先生是一名身家清白的退休律师，他对这一指控感到震惊。在房客的证人中，有一个当地的店主和他的助手。这两个证人声称，惠勒曾要求他们说服租户与他签订租约，并从之前的业主手中买下养老院。惠勒先生提交了证人和被告的证词副本，其中载有被告及其证人所使用的语言范例。被告的索赔申请中包括，惠勒为确保他的房产被阿尔特弥斯夫妇租赁而说的一些原话：

a. ‘... it’s a very good thriving nursing home and an opportunity not to be missed ...’

b. ‘You will be missing out on a good opportunity ...’

c. That the care home ‘was a good little business ...’

d. ‘... was a good business opportunity not to be

missed ...’

e. ‘... that the property was in a good state of repair ...’

【译文】

a. “……这是一个非常好的欣欣向荣的疗养院,也是一个不容错过的机会……”

b. “你会错过一个好机会的……”

c. 养老院“是个很好的小生意……”

d. “……这是一个不容错过的好商机……”

e. “……这所房子状态很好,不需要修缮……”

让我从一开始就对这些引用的话感兴趣的是,它们竟然是原话。房客是如何直接引用这些原话的?他们的证人又是如何直接引用的?为什么措辞如此相似?很明显,被告有意表明(a)至(e)是惠勒先生说过的话的直接表述,也就是说,这些都是他说过的原话。这就引出了几个重要的问题,包括“律师语言”的性质、原话记忆的受限性、引用的这些话的整体措辞质量以及这些话语本身应该具有的说服力。

总的来说,我发现律师在言语的使用方面比较谨慎,尤其是惠勒这一代的律师。在通常情况下,他们不仅对说话的内容很谨慎,而且对他们使用的言语结构也比较保守。因此,在当前案例中,我觉得一名律师能够说出“一个非常好的欣欣向荣的养老院,也是一个不容错过的机会”这种话,有些令人惊讶,原因有二:第一,前半句让后半句显得多余,第二,用“非常好的欣欣向荣的”这个短语来限定名词短语“疗养院”,在结构上有些笨拙。此外,我还发现“非常好的欣欣向荣的疗养院”有点绕口,不能顺利地大声说出来,加上“也是一个不容错过的机会”之后更是如此。事实上,它给人的感觉更像是书面语,而不是口头语。此外,得益于教育、培训和经验,大多数律师的词汇量很大。如果一名从业30多年的资深律师(同时也是牛津大学英语专业的毕业生,还深造了经济学)想不出比"好"更合适的字眼,我会感到惊讶。上述引语中的有些表达甚至有些平庸,例如,"好的小生意"。总而言之,这种言语从律师口中说出,而且不止一次,这似乎不太可信。当然,这种言语与我和惠勒先生的电话交谈毫无相似之处,与他的书面通信更不相似,他的书面通信总是有根有据、严肃认真,人们甚至会说有点枯燥乏味。

语言学家们一致认为,人们对所讲内容的准确措辞的记忆力很差。与人们的普遍观点相反,大多数人甚至在说话几分钟之后都记不住自己说过的话。许多心理学家和语言学家都记述过这种现象,包括布赖恩·马克维尼(Brain MacWhinney)等人(1982)[1]、耶尔姆奎斯特(Hjelmquist)(1984)[2],以及其他人。在著名的冰淇淋大战①期间,苏格兰上诉法庭听证会进行了一项实验,一位心理学家质疑四名警察能够记得一名嫌疑人曾经说过的话:"我只想打中小货车的车窗。在胖小子饭店开枪只是为了吓唬人,结果没有控制住局面。"据称,警官们在嫌疑人说出这句话的一段时间后,分别记下了这句话。专门研究记忆的认知心理学家布赖恩·克利福德教授进行了一项实验,测试人们对语言的记忆。在他呈递给上诉法庭的证据中,克利福德表示,大多数认知心理学家都同意,无论是语言还是数字,短期记忆的上限大约是7个元素,不太可能超过9个互不关联的元素。除此之外,如果记忆的对象是语言,人们会记住语言的意思,而不是确切的词语(取自上诉法院听证会记录[3])。

---

① 指20世纪70年代至80年代格拉斯哥地区的冰淇淋贩卖车参与的暴力纷争。——译者注

克利福德教授进行了一项实验,涉及57名不同社会背景(年龄、阶级、职业)的参与者。给其中一组参与者提供上述语句的上下文信息,另一组则没有。要求参与者写下自己可能听到的话,也就是上文提及的警察所谓的证词,即"我只想打中小货车的车窗。在胖小子饭店开枪只是为了吓唬人,结果没有控制住局面。"实验表明,首先,没有一个参与者能够一字不差地回忆起对他们说的话。就记忆情况而言,有上下文信息的那一组和没有上下文信息的那一组之间没有太大区别。平均记忆率在30%至40%之间。这与其他心理学家和语言学家的实验结果是一致的。要求一个人记住别人的话,即便只过去了几秒钟,他也不太可能复述出准确的措辞,尤其是在这句话超过了七八个单词时。这与本案被告及其证人的说法相反,上述语句中最长的有14个单词,他们声称自己几年后还能一字不差地记住这句话,即"这是一家很好的欣欣向荣的疗养院,也是一个不容错过的机会"。尤其令人惊讶的是,被告对时间和日期的记忆似乎有些差,甚至涉及一些重要的事情,如谈判的日期,他的表述包括"有那么几次""之后谈了一次""后来证明是不真实的"等短语。我要求惠勒先生在没有协助的情况下尝试回忆起被告的原话,可以手写也可以口述,但最好是口述的。然而,被告及其证人在其律师的建议下,拒绝提供这一信息。

考虑到上述语句的措辞十分普通平常,对这些语句的所谓的准确记忆就显得更加不寻常了。事实上,这些语句中多次出现"机会""生意"和"好的",使得句子具有一定的普遍性。大多数语料库研究显示"好的"和"机会"是高频搭配,"错过"和"机会"也是高频搭配,这也印证了语句的普遍性。在某些情况下使用普遍性语言,其真实性会受到质疑,典型例子包括确切的时间(如上午9点、下午5点30分等),确切的期间(如18个月、两星期等),普遍的个人别名(如约翰·史密斯,弗雷德·布朗等),普遍的餐食(如披萨和薯条等)和普遍的借口(如"我的车发动不了""我头痛"等)。被告声称,惠勒先生的话诱使他们买下了这家公司,并租下了他的房产。说服性语言会使用多种语言资源中的任何一种来实现诱导、诱惑或影响的目的,包括言辞修辞和诗歌修辞手段,如头韵、尾韵、暗示、关键词的使用等等。然而,上述语句并不包含此类元素,也没有采用其他任何我能想到的具体的说服方法。除了"小"之外,仅有的形容词是"好的"和"欣欣向荣的"。在说服的语境中,这个词引起了我的兴趣:"好的小生意"指的是经营者能够实现我们认知中比较"合理"的谋生。不太可能用这个词来形容年营业额超过 200 万英镑的企业。在这种语境中,我认为应该使用诸如"巨额""成熟"这样的短语,并且提及声誉、效率、在社区中的地位等等。就其本身而言,"欣欣向荣"可能是一个很有说服力的词,但搭配"非常好的"使用,我认为会削减其说服力。

即使惠勒先生可能对潜在的买家或他认识的其他人说过上面的一些话,谁又能说他在这种情况下进行的说服工作超出了一个正常生意人的范畴呢?我们可以问自己一个常识问题,卖家试图说服别人买东西难道不是很正常的吗?即使这是不正常的,是否能够以此为理由,滞缴数年房租?法院对本案的裁决是,没有理由相信惠勒先生进行了违反道德原则的行为,遑论非法行为。法官的观点是,被告的指控不过是一种愤世嫉俗的伎俩,目的是避免正常支付租金。法官最终判定惠勒胜诉,责令房客们赔偿损失,并付清拖欠的租金。

——注释——

1. B. MacWhinney, J. M. Keenan and P. Reinke, The

Role of Arousal in Memory for Conversation, *Memory & Cognition*, Vol. 10 (4), 1982, pp. 308-317.

2. E. Hjelmquist, Memory for Conversations, in *Discourse Processes*, 7, 1984, pp. 321-336.

3. XC956/03, XC959/03, XC958/03, High Court of Justiciary, Glasgow, before Lords Justice Clerk, MacLean and Macfadyen, 17 March 2004.

第二部分

8. 谋杀还是自杀?

大约四年前,在美国南部的一个州,有一个名叫沃尔特的年轻人死于枪伤。据周五晚上跟他在一起的女孩说,他从口袋里掏出一把枪,把枪管塞进嘴里,当着她的面开枪自杀,他当时19岁。枪击发生前几周的一个晚上,男孩回家告诉他妈妈,他再也不想见到特蕾西了。被问及为何要结束一段持续了近三年的恋情时,沃尔特回答说,特蕾西一家被一件“坏事”缠身,还想把他扯进其中,他拒绝了。此后,特蕾西不断打电话、发短信给沃尔特,要他重新考虑跟她在一起。沃尔特的母亲认为这个女孩和她的父母在沃尔特临死前给他施加了很大压力,所以她很难相信沃尔特是自杀的。在她看来,沃尔特更有可能是被那个女孩的家人杀死的。沃尔特的母亲提出怀疑时,当地警长拒绝展开调查,他表达了自己的观点,县验尸官的验尸报告也印证了这一观点:沃尔特的死亡显然是自杀。此外,在男孩的牛仔裤口袋里发现了一封信,警长认为这是一封遗书。

请把我所有的东西都给迈克和皮特,告诉他们两个我很爱他们。迈克,你肯定会有一番作为的。你运动细胞发达,长相英俊,还很聪明。你要继续努力,肯定可以心想事成的。我很抱歉总是对你百般挑剔,但我只是开玩笑的,我全心全意地爱你,如果这伤害了你的感情,我很抱歉。你是我的全部,对不起。皮特,你对人很好。你是我认识的最坚强的孩子,你特别可爱,特别聪明。你要坚持运动,好好学习,听爸爸妈妈的话。我知道你还小,可能无法理解这件事,但请永远记住这一点:沃尔特爱你胜过一切。我很抱歉。我真希望能多花些时间和你们在一起,但我不能,对不起。妈妈,我感谢您为我所做的一切,我感激不尽。您总是站在我这一边,总是帮助我,我非常爱您。请原谅我,我很抱歉。我再也找不到比您更好的妈妈了。我知道我说的可能不够多,但我真的爱您。

深入调查的请求遭到警长拒绝后,逝者的亲属联系了我,问我能不能判断出这封信是不是自杀遗书。我问他们是否还有沃尔特撰写的其他言语范本,可以是用电脑写的,也可以是他自己手写的。一番寻找之后,他们说这个男孩很少写东西。因此,我只能对这一个文本进行研究,没有可以比较的素材。要弄清楚一封信是不是自杀遗书,可以先找出真正的自杀遗书之间有什么共同点,再找出它们与伪造的自杀遗书之间的不同之处。正常情况下,语言学家不会研究与动机有关的问题。动机是心理学家需要研究的问题。然而,在研究自杀遗书的时候,也许应该破例一次。但这样做的原因并不是为了探究个人的动机,而是为了最终能够在语言学层面上理解自杀遗书。

早在1957年,著名的自杀学专家(事实上也是这门学科的创始人)埃德温·谢奈德曼研究了数百起自杀事件的背景,包括逝者与家人之间的关系类型。他发现,几乎所有逝者的朋友和家人在得知自杀消息后问的第一个问题都是"为什么?"乍看之下,这个问题的含义可能很明显,但这个问题能够反映出很多东西。亲属们无法理解为什么自己所爱之人会自杀,除了这个明显的含义外,还有另一个含义:逝者的行为是非理性的。因此,逝者的亲人在事后的说法和想法是十分重要的。虽然最初的反应可能是困惑,但很快就会变成愤怒,他们可能会认为这个人疯了,通常会使用“懦弱”“失败者”等字眼来形容自杀的人。需要了解的是,这种悲愤情绪的转换并不罕见,我们从中能够看出普通公众对待自杀的态度。一旦了解了公众对待自杀的态度,我们就可以在某种程度上推测伪造的自杀遗书是什么样的:伪造的自杀遗书能反映大众的态度,例如,自杀的人是“疯狂的”“懦弱的”等等。所以,我的建议是,为了研究真正的自杀遗书,我们首先需要了解伪造的自杀遗书。分析了许多自杀遗书后,我发现假遗书中往往包含着悲愤困惑的逝者亲属们常用的字眼:“疯狂”“懦弱”等等。不管出于什么原因伪造遗书,那些伪造自杀遗书的人可能和逝者的亲属一样,对逝者自杀的动机一无所知。在我看来,自杀遗书中存在着一种“双层语言”(diglossia)。双层语言(意为“两种语言”)是希腊语言学家普叙哈里斯[1](1854—1929)首先使用的术语。他指的是希腊语的两种形式,即统治阶级使用的更具威望的形式和其他人使用的普通形式。更具威望的希腊语形式被称为纯正希腊语,而大多数人所说的语言是通俗希腊语(民众的希腊语)。对于使用通俗希腊语的人来说,纯正希腊语是外来者的语言,几乎算是另一种语言。就自杀遗书而言,我认为伪造的自杀遗书也是用“外来者”语言写的,而不是真正的想要自杀的“内部人”的语言。

因此,我们能够想到,伪造的自杀遗书主要反映了“外来者”对待自杀的态度——也就是上文描述的普通大众的态度,与真正的自杀遗书相反。我们在真正的自杀遗书中能够看到对自杀这件事真正的思考。总体看来,这种观点似乎有点简单,但你在这个阶段可能会问的问题是,这种观点在实际操作中如何发挥作用。谢奈德曼的研究的价值就在于此。上文提及了他在早期进行的工作,在那之后,他发现直接导致自杀行为的是“紧压、集中的感觉,是视野的收缩,是一种病理性狭隘和自我关注,这属于常见的自杀状态"(谢奈德曼 2004:162)。

因此,谢奈德曼认为,在自杀之前,逝者十分纠结于某个问题,导致他们无法从另外一个角度思考——这个问题困住了他们,让他们根本看不到出路。因此,他们在这种状况下使用的语言是真正的"内部人"语言。这就好像一个人处于战乱时期,独自躲在一个掩体里,他无法表达自己的处境,只能通过自杀遗书来传达。有一名护士,她曾认为自杀是软弱和懦弱的表现,在自杀未遂后,她就改变了想法:"我当了多年护士,被问到这个问题时,曾经的我会说那些自杀的人是软弱、懦弱和自私的。"[2] 此外,仍然是关于"软弱"这个话题,立陶宛精神病学家代纽斯·普拉斯博士发现这种态度并不少见:"这种愤世嫉俗的想法在东欧国家很常见。他们认为让弱者死去也许会更好。"[3] 互联网搜索显示,"weak(软弱)""cowardly(懦弱)""insane(精神错乱)""crazy(疯狂)""nuts(发狂)"以及"mad(发疯)"("mad"一词在英国比较常见)等词经常与自杀同时出现。显然,很多人都认为自杀就是弱者无法面对困难。

早在 1957 年,谢奈德曼和他的同事诺曼·法贝罗进行了一项不寻常的研究工作,他们精心挑选了一组病人,让他们写假的自杀遗书。他们让病人使用假名,比如比尔或乔。33 名病人同意参加实验,然后谢奈德曼和法贝罗将这些假的遗书与当地验尸所提供的 33 封遗书进行了比较,并匹配了年龄、性别、职业类型等因素。他们的发现在自杀动机的语言学表达方面具有很大的启发性。

一般认为,只有真正的自杀者才会为自杀行为向家人和朋友道歉。然而,在谢奈德曼和法贝罗的语料库中,道歉的人数和不道歉的人数相差无几。同样,请求宽恕的人数与不请求宽恕的人数也没有什么差别。真正自杀的人请求宽恕的可能性只比假装自杀的人小一点点。大多数爱的表达,以及声称爱过的表达,都来自真实的自杀遗书,而这种表达在假的自杀遗书中很少见。称赞逝者亲属"棒极了"之类的短语在真遗书和假遗书中的比例大致相同——换句话说,很少有人在假的遗书中赞美他们的亲属。从消极的方面来看,许多真正的自杀者都表明他们无法应对生活,"无法忍受"和"无法承受"这样的短语十分常见。同样,许多人表示自己一直感觉"很糟糕"——通常是因为他们做了什么事,或者是感觉自己的健康状况很糟糕。他们还会经常提及自己伤害了某人,无论是在身体方面,还是在情感方面。少数人将责任归咎于他们尚在人世的亲属。因此,会出现一种情感矛盾的画面:逝者通常会赞美所爱的人,但也责备他们,他们通常会请求原谅,但同时也会表示不能容忍,他们会宣示爱意,但也会表达出"糟糕"的感觉。

从另一方面讲,伪造的遗书中很少提及"终结""死亡"等字眼,但这些在真遗书中经常会出现。在同样的文本中,他们会表达自己的疲倦,甚至还会说自己"努力"取悦伴侣或其他家庭成员。我们还发现,真实的遗书中会出现指示性和命令式的建议——他们通过遗书告诉自己所爱之人,必须做什么事情,一定不能做什么事情。如上文所述,"软弱""懦弱"和"疯狂"这些字眼更有可能出现在假遗书中,而不是真实的自杀遗书中,这一点也在谢奈德曼和法贝罗的语料库中得到证实。

我还从英国交通警察局那里获得了大量的自杀遗书。我这么做是因为,虽然谢奈德曼和法贝罗已经非常彻底地研究了自杀者留下的真实的自杀遗书,但依然存在这样一种可能性,这些人中或许有一两个没有自杀。另一方面,同样有可能的是,写假遗书的人中有一两个后来自杀了。因此,我需要一组确信无疑是真实的遗书。英国交通警察局可以提供这样的遗书,因为,不幸的是,在英国,每年都有许多人在火车站跳轨自杀。其中有许多人会在家里留下遗书,或者他们死后人们在他们身上发现遗书。这些自杀现场总是有几个目击者,因为自杀事件通常会在车站繁忙的时候发生,站台上有许多人,自杀事件确凿无疑。因此,在阅读这些遗书时,我们能够确定逝者确实是自杀的。如此一来,我们也没有理由怀疑在逝者身上或他们家里发现的自杀遗书不是真正的自杀遗书。这些文本中的数据与谢奈德曼和法贝罗从验尸所收集而来的真实遗书中的数据惊人地相似,这表明他们以真正的学术奉献精神对逝者的生命和死亡进行了详尽的研究。我们在跳轨自杀事件的遗书中发现了许多与谢奈德曼和法贝罗语料库中相同的表达,如“不能忍受”“不能承受”“曾经爱过”“棒极了”等等。对比跳轨自杀遗书的文本和验尸所提供的遗书的文本,我们发现这两种文本的整体表达非常相似。

研究所有真实的自杀遗书,包括跳轨自杀的遗书时,一个较为关键的发现是,真实的自杀遗书中不包含大众对待自杀的普遍态度。

回过头来看沃尔特写的遗书,我已经在前面附上了全文,我们发现了许多“内部人”语言的迹象,包括对他弟弟们的赞扬,为自杀这件事情向他们道歉,对他母亲和其他家庭成员表达爱意,要求把他的东西给皮特和迈克,告诫这两个男孩听爸爸妈妈的话。除了“内部人”语言的许多特征之外,我们还发现遗书中明显缺少我所提到的“外来者”语言:没有提到软弱或疯狂,没有提到精神错乱,没有提到寻找一条简单的出路,也没有提到精神错乱或懦弱。经过一番考虑,我认为沃尔特母亲寄给我的那封信很有可能是自杀遗书。我把这件事告诉了这位母亲的亲戚,他们感谢我付出的时间和努力。他们觉得,这样一来,这位母亲就能了却自己的一桩心事。

——注释——

1. Psycharis，*To Taxidi mou*，Athens：Nefeli，1988.

2. Found at：http://www.sowingseedsoffaith.com/suicide.answers.htm，on 22 May 2008.

3. Found at：http://www.insightnewstv.com/d74，on 22 May 2008.

9. 珍妮经历了什么?

2005 年 6 月,住在约克郡里士满的珍妮·尼科尔失踪,那年她 19 岁。她是一个热爱家庭的少女,在当地拥有很多朋友和同事,对她的家人和朋友来说,她的失踪完全无因可循。为了找到她,发起了数次求助活动,她的父母也多次发出了令人心碎的求助信息。然而,这一切都无济于事,但珍妮的父母在一段时间内陆陆续续地收到珍妮的手机发来的短信。警方担心珍妮的失踪可能不是自愿的,怀疑有人绑架了珍妮,用她的手机发来短信。他们想要知道,是否有一个明确的日期,短信的风格发生了十分明显的变化?

想要鉴别风格是否发生了变化,可以先分析那些有多种写法的单个单词和短语,例如"I am"可以写成"I'm","two"可以写成"2",诸如此类。在手机短信的语境中,有很多这样的例子,比如"have"可以写成"av""hav"或"ave",以"-ing"结尾的单词中最后一个"g"可以省略,可以用"of"来表示"off",用"fone"来表示"phone",诸如此类。为了简化任务,我们可以将替代性词汇分成不同的类型,如表 9.1 所示。

表 9.1 选择性词汇的分类

词汇选择类型	简述	实例
形态选择型	单词的屈折变化	-ed、-ing、un-

(续表)

词汇选择类型	简述	实例
数字型	用数字表示单词或单词的一部分	“4”表示“four”
字母替换型	用字母表示单词或单词的一部分	“c”表示“see”
拼写型(谐音法)	用发音类似的音素、音节或单词来替换彼此	“fone”表示“phone”
拼写型(标点法)	不用标点,单词之间或标点之后不用空格,不注重大小写问题	R u goin2? See ya(Are you going, too? See you)
拼写型(大小写问题)	句首的第一个字母或者专有名词的第一个字母不大写	is bev dere (Is Bevery there)
拼写型/语音弱化型	简化拼写	“fink”表示“think”,“dere”表示“there”

我在许多实例中发现,在给定的短信语境中,作者可能会使用多个不同的方式来表达同一个词,例如,有时会将词末的“-ing”写成“-ing”,有时会写成“-in”,我还发现有些实例中,“have”既可以写成“have”,也可以写成“ave”。将珍妮手机发来的15条短信按照时间顺序排列,以便分析这种二重性(或选择性)特征是否在某个时间点发生了明显的变化。从理论上讲,这意味着存在一个分界点,分界点前后都可能呈现出十分明显的独特风格。从而能够证明这样一种观点:这些短信呈现出两种风格,因此可能是由两个作者编写的。然而,在进行这项工作的时候,我需要牢记以下几点:

- 一个人的写作风格或发短信的风格会发生变化,原因包括生活环境的变化(比如离开家人和朋友、换工作等等),开始药物疗程,情绪不稳定,建立了新的关系等等。文本类型以及与收件人关系也是影响文本风格的重要因素。

• 在小样本的基础上确定不同的语言风格,这项工作本身就充满了困难。在小样本中出现的语言特性不太可能是“常量”(事实上,即使在大的语言样本中,也很难收集到有用的常量)。在更大的语言样本中,语言特征很可能会以不同的形式呈现。

我制作了一个对比表格,将自己观察到的所有可能的文本二重性现象列在表里(参见表 9.2)。语言特征的选择逻辑是基于文本研读的,而非任何有关样本大小和文本类型的先验标准。因此,如果我们比较两部小说,我们能够列出许多可能具有二重性的特征,但是在手机短信的小型语料库中,出现二重性的机会显然是有限的。然而,手机短信有时会呈现出混合的风格,所以我们不能确定自己观察到的是正常的形式变化还是作者身份的二重性。参考表 9.2,能够看到我所研究的 13 个特征中,有 8 个特征在前期和后期的短信中的呈现有所不同,但是其中一些变化在前期和后期的短信中都有出现。

表 9.2 特征二重性列表

单词	形式	短信编号
have	have	2
have	ave	12、15
ing	ing	4、5、5、8、11、12、12、12、13、13、13、15、15、15
ing	in	1、1、4、14、14、14
off	off	6、9、14
off	of	13
phone	phone	13
phone	fone	6、8
shit	shit	1、4、12、15
shit	shite	13、14

（续表）

单词	形式	短信编号
you	u	1、3、5、7、7、8、8、8、9、10、12、14、14
you	y	14
you	ya	12
good	good	8
good	gud	2
doesn't	doesnt	8
doesn't	dont	13
I am	i am	13、13、13、14、15、15
I am	im	6、7、9、11
I(大写)		12
my	my	2、8、11、13
my	me	12、13、13、15、15

除了上述类别，我还研究了另外两个正字法特征，即省略两个辅音之间的一个元音，例如，用“lve”表示“leave”，在短语或从句中融入一个数字，例如，将“had to go”写成“had2go”。

我发现“leave”这样的单词中出现省略元音的现象并不重要，但另一方面，用于表示文字的数字(例如“2”表示“two”)与前后的单词都不相连，这种现象十分重要。前期的短信多用“want2go(want to go)”这种形式，而不是“want 2 go”。短信中出现了两个或更多单词串联在一起的现象，即单词之间没有空格，例如“suppose2go(suppose to go)”。这并不是什么奇怪的现象，因为许多人用手机发短信的时候都会采取这种写法，但与此同时，这种现象在后期的短信中却较为少见。珍妮失踪后，短信中这类字符串的平均长度明显下降，从 6.16 个字符减少到 4.09 个字符(字母和数字)。存疑日期(2005 年 6 月 26 日)之前的短信中包含较长的字符串，如“suppose2go(suppose to go)” “cu2moz(see you tomorrow)”“icant2day(I can’t today,我今天不行)”等,但在该日期之后,字符串从整体上来说就变短了,如“iam(I am)”“every1(everyone)”“m8(might)”等。前期短信中的字符串,不仅平均长度较长,而且字符串的性质也与后期短信中的有所不同。前期的字符串通常是短语或从句,而后期的字符串通常是单个单词,最多是两个单词。因此,前期的短信中包含“booked2go(booked to go)”“want2go(want to go)”“have2get(have to get)”之类的字符串,但在后期的字符串中,不定式动词通常与主动词和助词分开,例如,“ave2 go(have to go)”(出现了两次)。此外,后期的短信中也没有出现“present2moz(present tomorrow,明天去)”“and2will’s(and to Will’s,去威尔家)”这样的短语,也没有出现“cu2moz(see you tomorrow)”或“go2shop(go to shop)”这样的从句。因此,这似乎是两种完全不同的形成字符串的方法。前期的字符串通常会在中间放一个表示文字的数字,一般为“2”。在后期的字符串中,文字数字的后面通常没有字符。我认为这个特征很重要。

接下来我又观察了每一条短信的长度。字数的统计方法有两种:第一种,按照实际表达出的单词数统计,以“cu2moz”为例,实际字数是三个单词“c u 2moz(see you tomorrow)”;第二种,以字符串的形式统计字数,也就是说,“cu2moz”算作一个词。在这两种类型的字数统计中,2005 年 6 月 26 日之前的短信的平均长度比之后的短很多。因此,可以说前期的短信比后期的短信短得多,这一特征似乎也很重要。

然后我又统计了单词的平均长度。在一定程度上,上述的字符串话题已经涉及了这个问题,但是,按照字符串计数,前期和后期的平均单词长度之间有显著差异(前期为 5.44/后期为 4.77),而按照实际单词计数,前期和后期的平均单词长度之间并没有显著差异(前期为3.59/后期为3.57)。按照第二种统计方式,单词的平均长度较短,这或许能够反映出许多手机短信内容的非正式性质。手机短信的平均单词长度通常较短。

我想知道在当前案例中,语域的问题是否重要。简单地说,语域是文本的正式程度。从广义的角度来讲,我们可以说“I am”比“I'm”更正式。举个例子,在本话题的讨论中,我们可以说“I am”比“I'm”的语域更高。前期短信与后期短信相比,没有出现明显的语域变化。这是因为前期短信和后期短信的语域都是混合的:两个时期的短信中既包含正式语域的单词,也包含不太正式语域的单词。例如,在前期的短信中,经常将“my”写作“my”(包括“myself”),这是比较正式的写法,而“I am”在前期的短信中大多写成“im”,在后期的短信中则写成相对比较正式的“i am”,“my”在后期的短信中大多写成“me”(包括“meself”)。同一种表达在前期的短信中采用正式的形式,在后期的短信中采用非正式的形式,而另一种表达的情况则是相反的,这一事实可能并不重要。如上所述,一个人的手机短信中出现语域混合的现象并不奇怪,即使是在一条短信中,也有可能出现这种现象。然而,这两种表达形式都是作者/短信原创者的自指称谓,有趣的是在后期的短信中,自指称谓的风格发生了变化。遗憾的是,这一点的重要性不能用语言学术语来衡量,我们只能说“my”通常在语音上比“me(‘my’的变形)”更具强调意味,而且“I am”强调动词“am”,而在“I'm”中,强调的显然是代词。重要的是,前期短信和后期短信之间没有语域差异,但这并不奇怪,因为手机短信通常会呈现出混合语域的现象。因此,语域似乎并不重要。然而,在我看来,2005年6月26日以后,短信的风格确实发生了变化。我在提交报告后得知,最终确认珍妮最后一次被人看到的时间是2005年6月30日。

正如上文所述，本案涉及的语言样本非常小，我觉得有必要谨慎地对待结果。关于前后期短信之间的差异，可能有各种完全合理的解释。例如，生活环境的改变、人际关系的改变以及重大的情绪波动都会导致语言风格的改变。在失踪的背景下，这种假设并非全无可能：后期的短信可能来自一个离家出走的青少年，她显然已经开始了一段新的关系，似乎对她的父母很生气而且希望自己不被打扰等等。短信发件人与收件人之间的关系发生了变化，在这个前提下，前期短信和后期短信之间的所有差异似乎都可以用这种方式来解释。然而，短信长度的增加却很令人费解，除非考虑到后期短信的内容与前期的完全不同，在后期的短信中，有两条应该是发给父母的，而不是珍妮的同龄朋友们，而前期的短信基本上都是发给同龄朋友的。此外，前期的短信涉及与朋友的会面或计划会面、关于朋友生日的简短讨论、目前的行踪等等，而后期短信的主要目的显然是为了解释长期不在家的原因，说明自己可能需要更长的时间。然而，总的来说，前后的差异似乎太多，不能将其解释为巧合。

本项工作结束后两年多，提赛德刑事法庭对大卫·霍奇森进行了审判。法庭判定他谋杀了珍妮，但不幸的是，珍妮的尸体一直没被找到，霍奇森坚持否认自己参与了这起犯罪。

10. 医疗信息造假案

近年来,大型企业和组织似乎利用了现代技术的便利,疏远了公众,尤其是投诉者。几乎再也不可能通过电话联系到高层管理人员,可能过了数月甚至数年时间才能收到书面投诉的回复。请求人或投诉者索要的信息,有许多都是对自己十分重要的信息。然而,许多组织对自己的运营方式秘而不宣,它们的方式往往严重违反了法律精神,而且在许多情况下,这些组织会设计出复杂的语言策略来回避消费者索要信息的请求。本篇将会对其中一个案例进行说明,并在结论中讨论这个组织所使用的一些策略。

病历事件

英国某地的一家国家医疗服务体系内的大型医院曾收治一名患者(我们称他为安东尼先生),患者想要获取自己的病历副本,因为他认为自己在 2003 年接受的一次大手术是不必要的。他认为,如果 2003 年给他做手术的外科医生仔细地了解了他的病史,了解到他在 1995 年的时候做过一次手术,那么医生就不会为他做手术,也就不会给他的身体健康造成更多问题。

安东尼先生打了很多电话,发了很多信件,却没有从医院得到任何他想要的信息,事实上——医院已然告知他,院方已经尽力了。然后,安东尼先生写信给医院的投诉部门,举报这种情况,最终,医院首席执行官给安东尼先生回了一封信,开脱医院的责任。

书面记录中显然存在几处不一致的地方。在 2003 年 4 月 22 日的信中,医院首席执行官告知安东尼先生,他已收到完整的病历。然而,据安东尼先生说,他收到的病历中没有提到 1995 年的手术。他写信反映了这一点,但直到 2003 年 10 月 16 日才收到回复,院方在信中写到,这封信是为了“提供你所要求的病历副本”。显然,安东尼先生在四月份的时候不可能收到完整的病历。仔细查看四月份那封信,你会发现它无意中承认了这一点,因为信中说,“在此通知您,您已经收到了……您所要求的医疗记录副本。”这表明可能还存在着一些安东尼先生不知道的病历,医院严格遵照安东尼先生的非专业要求,他很可能遗漏了某些病历,可能是因为他不知道医院保存了哪些病历——所以医院就提供了“您所要求的”病历。

大型企业组织与个人打交道时,通常会使用一些看似无关紧要的话,比如“您所要求的”,以此来拒绝提供安东尼先生信中没有要求的信息,但正常理性的人都能理解,那些信息是安东尼先生想要的。之所以出现这种现象,是因为大多数投诉人都是普通公民,他们对大型组织的运营方式、保存记录的方式没有任何专业层面上的理解,而且他们对自己面对的烦琐体系也确实没有什么概念。此外,在四月份的信中,首席执行官似乎区分了病历和记录,在安东尼看来,两者的区别可能并不是很大。虽然在某些情况下,“病历”和“医疗记录”之间存在很大的区别,但首席执行官可能是为了避免提供某些类型的文件,而安东尼可能对这些概念缺乏清晰的了解,首席执行官利用了这一点,声称所有请求都已得到满足。然而,虽然“医疗记录”一词似乎无关紧要,而且不是专业名词,但如果以这种方式使用——作为一种不同于“病历”的文件,首席执行官显然将这一短语当作专业性名词,并且可能通过这种方式,拒绝为安东尼先生提供包含在病历而非医疗记录中的信息。

在这种组织中工作的专业人士清楚,他们可以用这种语言策略保护组织的活动。这名首席执行官在四月份的信中还说,“我们还要通知您,关于 1995 年的治疗,还存在其他相关记录……没有披露……因为您没有索要……”这听起来很虚伪,因为事实证明,安东尼在 2000 年接受的治疗从医学角度和病史方面都与他在 1995 年接受的治疗有关,因此,早期的记录与他索要的信息密切相关。在此语境下,动词“披露”的用法很有趣,“……这些[记录]没有被披露……”因为“披露记录”一词的使用频率远低于“披露信息”。互联网搜索显示,后者的使用频率是前者的近 60 倍。[1]

通过使用专业语言语料库(Cobuild),我发现“信息”一词实际上是“披露”最常见的搭配。没有“披露”搭配“记录”的例子。同样值得注意的是,包含“披露”一词的句子是被动句,即“这些没有被披露”。这句话没有说明记录是由谁披露的——这就是所谓的无施事被动句。使用无施事被动句可以让作者(即首席执行官)与未“披露”的信息脱离关系。此外,由于“披露”与“信息”是更为常见的搭配,这表明首席执行官知道有信息没有被“披露”。通过使用被动语态,尤其是无施事被动句,他可以让自己与这一过程脱离关系。首席执行官在四月份的信中使用的其他短语也能体现出这一点,例如:“我了解到您没有提到任何其他记录。” 这意味着作者并不确定,只是有可能通过第三方“了解到”。信中类似的句子还有“得知您无法接受我的调查结果,我感到很遗憾”。这表明,这名首席执行官并非直接从安东尼那里“得知”这一点,而是从其他人那里。所有这些例子都表明,这名首席执行官试图让自己与安东尼的投诉脱离关系。最后,首席行政官说:“很遗憾,在这种情况下,我只能说,我们无法进一步采取任何措施,帮助您满意地解决这个问题。”这里体现出了进一步的远离策略,例如,“我只能说”意味着作者已经尽了力,但这与“我们无法进一步采取任何措施来帮助解决这个问题”有些冲突,无法进一步采取措施意味着首席执行官并不能明确地知道如何解决这个问题。然而,安东尼先生对解决问题的方法非常明确:查看他完整的病历。

首席执行官在10月8日的信中写道:“……首席顾问史密斯先生,如您所知,他主持了当地的决议会议,如今休假缺勤……他回来后,我们将进一步讨论您的意见。”

我想知道为什么作者说史密斯先生“休假缺勤”。“休假”意指所说之人“缺勤”。当然,也有可能他“之前一直”在休假,如今已经结束了休假,但在工作方面仍然“缺勤”。这表明,作者可能不想透露出首席顾问实际上是可以参加讨论的,从而有可能用这种方式拖延安东尼先生查阅病历的要求,无论如何,这些病历在首席执行官写了10月16日的那封信后就可以查阅了,与前一封信的间隔不超过一周。

安东尼还索要了一份“当地决议会议”的录像带,因为他觉得这盘录像带里包含了有关他治疗的重要信息。首席执行官在谈及录像带时说,录像的目的是为了方便准备会议记录,记录完成后会将录像抹去。

他说的原话是:“完成会议记录后,惯例是把录像带抹去重复使用。”首席执行官没有说明录像带确实被抹去了,只是说这么做是惯例。事实上,他并没有说“这是惯例”,而是说“惯例是”。就像我们前面讨论过的“休假缺勤”一样,“抹去重复使用”这个短语也有一些冗余。如果要“重复使用”录像带,为什么还要强调“抹去”呢?

最后,在这一点上,为什么作者还要说一句“很遗憾,我们无法向您提供录像带的副本”? 他已经暗示了这一点。这表明录像带或其副本有可能确实存在。我的猜测基于语言学一个有趣的领域,即“格莱斯会话原则”。这个听起来有些奇怪的理论研究的是讲话者/作者提供了“多少”信息,以及这些信息的质量。在我看来,在非正式层面上,关于这些录像带,首席执行官的抗议成分(信息数量)似乎有点多,而“质量”方面似乎也很差:“完成会议记录后,惯例是把录像带抹去重复使用。很遗憾,我们无法向您提供录像带的副本。”在此,我本以为首席执行官会先表示遗憾,然后作出解释,例如:“很遗憾,我们不能向您提供录像带的副本,因为录像带已被重复利用,这是我们的惯例。”非正式地说,在我看来,首席执行官在措辞方面似乎有点过于谨慎。

然而,我们可以看到,安东尼先生仍未收到他所有的病历,因为在10月16日的那封信中,首席执行官表示:“……我收到通知(谁的通知? 在何种情况下?),您现在可以查阅在特定情况下适用的所有文件。”这表明还有一些病历是安东尼先生没有收到的,他只收到了那些“适用”的病历。毫无疑问,医院或国家医疗服务体系确实存在指导方针,规定了在什么情况下哪些文件是适用的,但安东尼怎么会知道这一点呢? 首席执行官的话表明,可能还有一些病历没有提供给安东尼,因为这些病历不符合“特定情况”。然而,他没有说明这些文件是什么,也没有说明特定情况是什么情况,更重要的是,他也没有说明安东尼先生如何才能获取他还没有取得的文件。

此外,信中还有一句话是“在《数据保护法》允许的前提下,您索要任何纸质、电子或其他形式的其他病历的请求已经得到处理……”这可能意味着针对安东尼先生的“特定情况”,《数据保护法》限制了对某些病历的查阅，实际上，这个句子在我看来，似乎只是说明了《数据保护法》限制了病历可能的形式（纸质版、电子版等）。再结合这样一个句子，“我收到通知，您现在可以查阅在特定情况下适用的所有文件”，读者理所当然地会认为《数据保护法》设定了某些限制，而且会相信作者所称的，他遵守了《数据保护法》，并且在该法的限制下，无法提供更多病历。

毫无疑问，安东尼先生已经受到了医院首席执行官的推脱和搪塞，首席执行官似乎使用了语言策略企图掩盖真相，即安东尼先生有权知道哪些信息、有权查看哪些病历，通过这种方式回避、不及时解决与安东尼先生的健康和福祉有关的关键问题。至少可以确定，这个组织缺乏透明度。大型组织可以藏身于规则、规章和程序的背后，这些都是外行人所不了解的。即使是与这些组织交流的过程也因现代技术而变得困难（例如，电话系统设置了一系列令人困惑的输入选项“如果你想要某某，请按 1、2、3”等）。组织采取混淆、拖延、迷惑的策略，采用那些听起来像日常语言的技术语言，采用大型组织常用的策略时，几乎完全不担心会被追究责任。幸运的是，仔细的语言分析可以揭示一些公司使用的语言策略。在安东尼先生的案例中，医院采取的策略似乎涵盖四个方面：(1) 使用一些常用语言，而这些语言在本组织的活动中属于技术语言；(2) 以模糊的方式暗示有法律控制或限制消费者有权获得的信息种类；(3) 使用消费者不熟悉的语义术语来定义类别；(4) 使用文字术语来回避隐含意义。这些策略列于表 10.1。

表 10.1　实现非信息性目的的策略

语言学手段	示例	评价
使用既可以作日常使用也可以作专业使用的语言	“笔记(医疗记录)”和“记录(病历)”:两者之间有区别吗?	对于消费者可能不了解的语义差别,医院可以加以利用
暗示法律限制他们作出回应(该回应实际上是被允许的)	“在《数据保护法》允许的前提下,您索要其他形式病历的请求已经得到处理……”	制定《数据保护法》的初衷是为了保护消费者——然而这里的表述却模棱两可,暗示消费者的请求需要得到《数据保护法》的允许,而不是持有资料的公司。以法律的名义限制消费者有权了解的关于*自身*的信息
用消费者不熟悉的语义术语来定义类别	“我收到通知,您现在可以查阅特定情况下适用的所有文件……”	什么类型的文件在什么样的情况下是适用的?安东尼先生为什么一定要了解特定情况是哪些情况?因此,使用“适用的”和“特定情况”是为了说明安东尼先生不知道的分类
使用文字术语来回避隐含意义	“……您所要求的……”	医院从字面上理解安东尼先生的要求,明知安东尼先生在这种语境下会将医院使用的技术性词汇理解成常用词汇

为了实现上述策略的目标,常用的语言技巧包括:营造词汇歧义和小句歧义,手段包括一词多义、无施事被动结构、由多个从句组成的长句(通常带有延时动词或宾语以及范围模糊的从句)。显然,医院违反了使用简明英语的所有基本原则,该医院使用语言手段完成的行为只能被定义为机构滥用职权。

安东尼先生将医疗信托告上法庭，在最后一刻，医院同意与他达成和解。幸运的是，司法语言学在本案的诉讼程序中发挥了一些作用。

——注释——

1. 2008 年 5 月 27 日通过谷歌进行的互联网搜索显示："披露记录"的搜索结果为 30100 条，"披露信息"的搜索结果为 1720000 条。

——参考文献——

P. Grice, Logic and Conversation, in *Cole and Morgan*, 1975, pp. 41-58.

11. 代码策略：囚徒困境

当人们下定决心要犯罪，但又不得不对他人保密时，他们会采取什么样的策略呢？大多数职业罪犯都擅长保持沉默，所以通常不用采取什么策略，但如果犯罪涉及语言，保密工作就不那么容易了。

大约八年前，一名男子在英国某地的监狱服刑，罪名是对一名儿童实施性犯罪，我将受害者称为“X”。关于艾伯特诺先生(我对这名罪犯的称呼)，我不能提供任何有关身份的信息，因为不能泄露受害者的身份。在监狱里，艾伯特诺经常给时年13岁的X写信。为了通信的保密性，他设计了一些语言学策略。首先，他考虑到了这些信的收信人，他不直接给X本人写信，而是写给他的一个真实存在的朋友，我称他为迈克，虽然起初效果惊人，但他肯定存有疑虑，过不了不久，X以外的其他人就能读懂“亲爱的迈克”或“你好，伙计”的真正含义，从而推断出真正收信人是谁。此外，X给他的回信开始变得越来越不隐晦，还要求艾伯特诺也用直白的语言写回信。全世界的囚犯都知道如何进行秘密交流，根据迈尔(2004)[1] 的说法，囚犯语言中的代码很可能是世界通用的。但本案中写信的人想要瞒过审查机构，掩藏他的罪行，这与普通囚犯的动机不同，普通囚犯只是单纯地想表现出反抗，或者可能是想表现出囚犯之间的团结。

在监狱里写密信的人需要确保他写的东西只能被目标读者看懂，因为如果被发现，写信的人可能会面临严厉的惩罚，包括延长刑期。但是艾伯特诺先生对受害者进行性控制的欲望十分强烈,让他甘愿拿自己的人身自由冒险:他似乎有些不择手段,只为了维系这种远程的性关系。

首次察觉代码,是在 X 写的一封信中。在回信中,艾伯特诺一开始很困惑:“你怎么一直说些粗话啊?”他写道。然后,写到后面的时候,艾伯诺特恍然大悟,他开始用代码回复。X 使用的代码是儿童黑话(Pig Latin),这种代码因电视剧《辛普森一家》而出名,是一种非常容易学习的代码。为了掩饰一个词,编码的人会把这个词的首字母删除,放在词的末尾,后面跟着一个捏造出来的不变的后缀,即“-ay”。因此,以单词“say”为例,首先将“s”放在单词的末尾,变成“ays”。然后,把“-ay”后缀加上,变成了“aysay”,用来表示“say”。按照这种方式,“happy birthday”在儿童黑话中要写成“appyhay irthdaybay”。对于某些单词,不能完全按照这种方式变形,例如,单词“I”只有一个字母,不能改变首字母的位置,因此它就只能变成“Iay”。单词“you”的变形也很别扭,如果完全按照上述变形方式,应该变成“ouyay”。出于简化的目的,使用儿童黑话的人经常用“eway”来代替“ouyay”。类似的,他们经常把“to”写成“ewtay”。

艾伯特诺的信中包含许多儿童黑话的例子,例如“Iay ishway Iay asway akingway upay extnay ewtay eway everyay ayday”。这句话的意思是“I wish I was waking up next to you everyday(我希望每天都能在你身边醒来)”。这些信名义上全都是写给“亲爱的迈克”的,但是很明显,这些信的真实收信人并不是名义上的收信人,不是“迈克”,而是另有其人,除非艾伯特诺先生想要表达他希望每天都在“迈克”身边醒来。

作为一名音乐爱好者,艾伯特诺先生在信中经常提到他最喜欢的歌曲——全都是情歌。事实上,他利用了这一点来掩盖他使用代码的事实。比如,他会在信中写道:“我给你准备了一支曲子。”提到“曲子”之后,他会开始用代码写信。此外,他有时会在使用了代码之后提到“曲子”,例如“你喜欢那个曲子吗?”诸如此类的话。这就意味着,检查信件的人可能会认为信中的代码部分是某种歌词。考虑到我们的大脑对不熟悉的语言形式(无论是口头的还是书面的)会产生抗拒的感觉,代码的存在实际上可能会成为别人仔细检查这些信件的阻力,这十分讽刺。事实上,除非检查信件的人与艾伯特诺先生具有同样的音乐品味,否则他们很可能会毫不犹豫地略过代码部分,但这些信息根本不是曲子,而是艾伯特诺先生对自己幻想的十分露骨的描述。

过了一段时间,艾伯特诺先生肯定是察觉到儿童黑话可能太容易破解了,所以他设计了一种新的代码。这种代码包括一个捏造的前缀“glob”,后面跟着被编码的单词,删掉单词的首字母。举个例子,按照这种方式,“love(爱)”可以写成“globove”。然而,艾伯诺特先生和许多用手机和其他网络媒体发短信的人一样,他经常使用简化拼写,所以“love”通常被写成“luv”,如此一来,“love”应该写成“globuv”,而不是“globove”。因此,“I love you”就变成了“globi globuv globu”,对应的是“I luv u”。与儿童黑话一样,对单个字母的单词(例如“I”)进行编码时,需要将这个单词完整地放在前缀后面。因此,“glob”代码实际上是儿童黑话的变体。使用儿童黑话时,要将单词的首字母放到单词的末尾,然后添加一个不变的后缀“-ay”,而使用“glob”代码时,要添加不变的前缀“glob”,并完全省略单词首字母(如果单词中有多个字母的话)。因此,用 Glob 编码非常容易,而在解码方面,glob 只比儿童黑话稍微困难一些。用这两种方式进行编码时,可以使用任何不变的前缀或后缀。只不过 Glob 代码用的是“glob”,而儿童黑话用的是“ay”。同样的,在这两种代码中,可以用前缀来替代后缀,也可以使用后缀来替代前缀。

使用Glob进行编码时,有时可能会分辨不清楚想要表达的是哪个单词,例如这句话“... globat globime globot globastin globi globime globuvin globu”,其中出现了两个“globime”。它们的位置很接近,这就意味着它们的语法角色不同,因此含义也不同,这可能会导致歧义。首先解码最简单的单词,我们得到了“globat globime not globastin gloi globime luvin u”。从这里我们可以看到,第一个“globime”出现在否定词“not”之前,我们假设它可能是一个代词,后面跟着助动词的缩略形式,就本例而言,显然是“I'm”写成了“Ime”的形式。这就意味着“not”后面的“globastin”是一个动词的连续分词,即动词的中心词[2]+“ing”(此处缩写为“in-”),在本例中是“wasting(浪费)”。由此我们可以推导出,代词+助动词+否定词+动词的结构后面应该是语法上的宾语,如果我们假设“i”实际上是“my”(拼写为“mi”)去掉“m”,那么“my”后面的单词很可能是一个名词。这个由四个字母组成的名词以“ime”结尾,所以在众多可能性中,“time”似乎是最合适的单词,它由四个字母组成,其中最后三个字母是“-ime”,满足这个标准的单词有dime(小钱)、lime(酸橙)、mime(哑剧)、time(时间)。“time”这个词经常与动词“wasting”或“wastin-”搭配使用,所以例子中的这句话可能是“我不要再浪费时间去爱你了”。另一种解码“glob”的方法是去掉前缀,留下“at ime ot astin i ime uvin u”。如果大声朗读这句话,在每个单词的开头发一个声门闭锁音[3],这样就可以很容易地找到合适的音素来代替这个闭锁音,因为人们通常可以在不知道单词的第一个音素的情况下,根据其韵律(语调)识别出这个单词,尤其是在第一个因素不是元音的情况下。如果单个单词的一般音素形态不能给我们提供帮助的话,我们通常可以从短句的整体韵律入手,寻找解码的线索。如读者所见,这段代码相对容易破解,偶尔出现表达不清的词也没关系,通常可以通过语法语境或前后内容来解决。

即便用了 Glob 代码,艾伯特诺先生依然面临着一个困境:如何在信中提起 X。提到 X 的名字时,他会小写名字里所有的字母。因此,不留心的读者可能会忽略这个名字,因为首字母没有大写,人们很难注意到专有名称。然而,在某个特定的时刻,艾伯特诺先生显然意识到了直呼孩子真名的风险,从那时起,他就开始设法避免用孩子的真名来称呼她。话虽如此,在他们早期的通信中,他直呼她真名的做法确实非常粗心,或者他只是对自己的运气或能力过于自信。

所以,不再用真名称呼她之后,艾伯特诺就开始用第三人称来称呼 X。因此,我们能够看到的一些称呼包括“你的孩子”“你认识的那个人”“你知道的那个人”。鉴于他表面上是在给“迈克”写信,但实际上是写给 X 的,这些称呼有时会让人难以理解。为了维持给“迈克”写信的假象,艾伯特诺先生设计出了更多策略,包括:

- 咒骂:艾伯特诺先生经常在信中使用咒骂的话或“脏话”。尽管在现代社会中,尤其是在 40 岁以下的人群中,咒骂这种行为在女性和男性中一样普遍(参见霍利德等人于 2004 出版的书,第 18 页[4]),但在本案的语境下,咒骂的主要用途可能是作为一种同性别互动的联系工具。艾伯特诺写给迈克的信中有这样的话:“关于那个混蛋,你说的对”,“别拿工作搞笑了”,“我都笑尿了”,还有“只想狠狠地揍那些该死的笨蛋……他妈的没有其他人想知道”(同样是 2/11/05)。咒骂,贬低其他男性,似乎可以让一般读者认为这些信件是典型的“男性交流”，因此不会注意到那些穿插在“男性交流”中的暧昧内容。

- 提到喝酒：信中多次提到喝酒。这似乎是为了营造一种男性在一起喝酒的刻板印象。例如：“拜托下次不要再说喝酒的事了，我现在真的想喝杯啤酒”，“现在要是能喝杯小酒就好了”，“你又来了！又说喝酒和泡吧的事。我现在就想喝酒”。
- 使用“伙计”一词：在特定的语境下，男性经常使用“伙计”这个词来拉近他与其他男性之间的关系。例如“好好享受假期吧，伙计”。

此外，写信的人还用一些表达兄弟情义的话来体现男性之间的关系，说他能够“指望”收信人。例如：“我在外面还有一些朋友，我知道可以指望你”，“我在上一封信中说了，我知道可以指望你，伙计”。在有些信件中，因为信不是写给一个人的，这种负担让艾伯特诺的专注度降低，用“你”来代表“她”的假象开始瓦解。举个例子，在一封信的开头，他是写给“迈克”的，但第一段的结尾却提到了“她”：“我之前说过，你是唯一真正了解我的人，我是真心的，伙计，为了她的快乐，我愿意去天涯海角”。在这个例子中，作者似乎忘了他在句子的前半部分用的是“你”，在后半部分却提到了“她”。另一种可能是艾伯特诺先生寄希望于检阅这封信的警官很懒，只认真看句子的前半部分。在有许多代词或其他指代的长句中，读者读到句子的末尾时很容易迷惑，忘记主语是谁。

在后来的一封信中也出现了类似的现象，艾伯特诺提到他和另外两名囚犯的一场打斗，然后说：“……X 肯定会生我的气吧？”在接下来的一封信中，他说“我知道那封信会让你生气”。在这两封信中，提到收信人对他“生气”的只有这两处，所以艾伯特诺先生似乎忘记了,他应该营造出一种给名义上的收信人写信的表象,而不是给真正的收信人写信。因此,他称呼"X"为"你",而不是"她"。

信中还提到了许多与性有关的事情,包括一些非常生动的描述。然而,我在书中只能分析一些无伤大雅的例子:"从 1998 年 3 月以来我就没有过性生活,我没有撒谎,你应该知道我是什么样的人,我必须和对的人一起。"这真的是写给迈克的吗? 艾伯特诺先生还说:"上帝啊,如果我明天就能出狱,你肯定知道我会先去见谁,这是毫无疑问的,提醒你一下,我可能已经忘了该做什么了。"在这段摘录中,我们能看出艾伯特诺先生似乎认为自己与某人有性关系,他为了这个人"假想出狱",想要见到这个人,和她发生性关系。

信件中的代码得到破解,其中涉及的所有语言学策略都被发现,警官随即在监狱里对艾伯特诺先生进行了审问。警官没有事先提醒他这些信件的事,开始审问时就提出艾伯特诺先生对迈克有性方面的兴趣。艾伯特诺极力否认了这一点。警官接着说:"但是你一定每天都想在迈克身边醒来是吗?"他引用了另一封信中的一句话:"globi globant globait ewtay globiss globu globon your ..."[5] 警官问:"那么,你到底想吻迈克哪里呢?"迈克已经 47 岁了,体重约为 114 公斤,而且不经常洗澡、刮胡子,毫无疑问,这名警官问了一个戏谑的问题,艾伯特诺特先生中了圈套。

——注释——

1. Andrea Mayr, *Prison Discourse: Language as a Means of Control and Resistance*, New York: Palgrave Macmillan, 2004.

2. “中心词”是单词在字典中的形式。

3. 某些英语方言的使用者在说“butter(黄油)”这个词时会发出这种声音。如果不发“t”的音，就会发出“声门闭锁音”。

4. A. Holliday, M. Hyde and J. Kullman, *Intercultural Communication: An Advanced Resource Book*, New York: Routledge, 2004.

5. I can't wait to kiss you on your ...(我等不及要吻你的……)

12. 卢旺达种族灭绝

许多人都记得,在 1994 年,中非国家卢旺达发生了种族灭绝的恐怖事件,在短短几个月的时间里,将近 100 万人被屠杀,大部分受害者是图西族成员。当时,世界似乎无力阻止这场对男人、女人和儿童进行的屠杀。作恶的人之中,许多都是政府官员,后来逃到欧洲,包括英国。

在这段时间内,卢旺达政府编制了一份嫌疑犯名单,从以前的受害者和其他人那里获得了证人证词,并开始要求欧洲各国政府将种族灭绝嫌疑犯引渡回卢旺达。其中一个是当时住在英国的 U 先生。与往常一样,司法语言学家面临的问题不是判断被告是否犯了特定的罪行,而是从语言学角度来衡量证据的水平。主要问题是:证据的语言质量如何?证据是否独立、准确,获取证据的过程是否公正?证词是目击者的叙述还是道听途说?证词是否试图重现证人所说的话,是否存在修改的迹象?证词包含的是实际的观察结果还是纯粹的观点?

老实说,我不知道这名来自卢旺达的胡图族人、卢旺达 K 市的前市长 U 先生是否在 1994 年下令并参与杀害了他的邻居和朋友,杀害了他所在社区的图西族人。他可能确实犯下了这些罪行。但从另一方面来看,他或许是完全无辜的。我只能评判那些对他不利的语言证据的状况,特别是卢旺达政府发给英国内政部的许多证人证词。

内政部收到的证词是用法语写的,我随即开始担心证词的翻译质量可能会很差。翻译人员都是很尽责的人。通常情况下,内政部聘请的翻译都是最优秀的,很少出现严重的错误。

其中一段用法语写的证词如下:

> Une semaine après notre arrivée (13 avril), nous avons appris que des militaires de la Garde Présidentielle étaient arrivés a K où ils ont commencé *à* tuer les Tutsi.
>
> Dès le lendemain, nous avons appris que des Interahamwe, accompagnés d'éléments de la Garde Présidentielle sont arrivés *à* la Commune où ils seront entretenus avec le Bourgmestre (U) et l'Assistant Bourgmestre.

内政部对这段证词的翻译如下:

> 在我们抵达(4 月 13 日)一周后,我们获悉,总统卫队的民兵已抵达 K 市,他们在那里开始杀害图西族人。
>
> 第二天,我们得知胡图族联攻派与总统卫队成员一同抵达该社区,他们得到了市长(U)和市长助理的支持。

我注意到这段法语证词的作者可能不是法语母语者,除此之外,原证词中带下划线的部分也让我产生了疑虑, 那部分被译为"……他们得到了支持……"事实上,法语证词中"ils seront entretenus"的意思是"据说他们与之进行了讨论",而不是"他们得到了支持"。两者的含义完全不同。英国内政部翻译人员的翻译是完全错误的。有可能是内政部的翻译人员在工作时带有高度的个人偏见或政治偏见,有可能是工作人员出现了单纯的失误,也有可能是这名翻译完全不称职。

撰写这些证词的人也不是法语母语者,这一事实也令我担忧,是否有这样的可能,这些证词原来是用卢旺达语写的,然后由当地的卢旺达语母语者翻译成法语？或者是由卢旺达语母语者用法语记录下来的？第一种假设的可能性似乎更大，这些证词是经过后期翻译的。此外，有些证词是不完整的，有时会以省略号开头，例如，“……哈比亚利马纳总统死后”。这些证词还展现出了其他的一些编辑痕迹。显然，这些证词经历了多次编辑，举个例子，其间出现了用法语写的要求，想要获得更多信息。因此，就整体而言，记录证词的可能是一名卢旺达语母语者，在一名法语母语者的要求下，对证人进行讯问。然后这名卢旺达人用卢旺达语记录了证词，随后将其翻译成法语。而那名法语母语者可能又对译文进行了编辑。

这种程序本身并不一定能够证明这些证词不是证人所见情况的可靠、独立的记叙。但是，在任何类似于种族灭绝等重大事件的事后处理中，证词的记录应该是公开透明的，清楚地说明证词由谁记录、用什么语言、在什么时候由谁进行了翻译、是否进行了进一步的编辑审查，等等。

此外，这些证词中几乎没有口头语的特征，却有很明显的“书面语”特征。在这些证词中，有一部分是原说话者的语言，但是，从口头语到书面语的转换能有多准确呢？何况还要进行多种语言之间的翻译。不仅如此，所有的证词都没有附上证人的姓名(可能是为了保护证人的人身安全)，因此无法检验证词的准确性。还有一个问题，记录证词的人可能是官方的人，其权威地位肯定高于证人。身处权威地位的人很容易对别人施加影响力。我们也可以问问自己，是否有这种可能，记录证词的人认识 U 先生，并且对 U 先生怀有某种个人的或政治方面的敌意。

在我看来，这些证词中存在几处道听途说的迹象。例如，其中一句话是这样的：

> (总统)去世两周后……U 召开了一个宣传会议……

这次会议之后，胡图联攻派在官方的协助下，开始杀戮……图西族人。

证人没有说他/她参加了这次会议，也没有提到他/她是怎么知道谁参加了这次会议的。将杀害图西族人与“这次会议之后”联系起来，这种联系可能只是时间上的，但在此处却被当作因果关系。这一句话还存在着许多语言学方面的其他问题，例如，“在官方的协助下”是什么意思？证人怎么知道胡图联攻派得到了“协助”？哪个官方？这句话将大量信息浓缩成少量文字。这很有可能说明证人被问了一系列问题，然后有人将这些问题的回答记录下来，随后对这些回答进行浓缩，把原来说的内容整理成紧凑的重述。

同一个证人的证词中还写道：“我记得一个案件，已故的比阿特丽斯遭到强奸，随后被杀害。”在我看来，“记得”这个词意味着证人可能既没有看到强奸也没有看到杀害，因此可以将这段证词视作道听途说。

另一份证词写道：“其他地方领导人同意与卡里希特合作，对图西族人展开屠杀……其中包括查尔斯·U。”和上一段证词一样，我认为这一段证词是道听途说，至少可以说它没有具体说明信息的来源。语法的精化程度和词汇的复杂性都可以说明证词采用了书面语，而不是口头语，可能采用了问答形式。“同意(agree)”(法语中为“accepter”)这个词在刑事调查的证词中尤其可疑。“同意”到底意味着什么？证人如何知道他们同意了，是以什么形式同意的？

另一份证词在开头写道：“我参加了那场会议……大喇叭宣布会议将在‘进步楼’举行。”从这句话不太能够分辨出这段文字是否经过编辑，因为证人开始就说“我参加了那场会议”。在这种情况下，“那场”可能是指先前已经说过的内容，但此处未记录,也可能意味着这是一次通过大喇叭通知或宣布的会议。还有另一种可能性:提供证词的人在提供证词时和其他人在一起。其中一个证人可能提到了那场存疑的会议,证人在这时说“我参加了那场会议……”如果证人成组提供证词,那么就需要进一步考虑证人之间的独立性和自主性。

渐渐的,在我分析这些证词的过程中,我发现了越来越多道听途说的例子。例如,“他们说自己奉市长之命去杀人……”与其他证词一样,这几个证人的名字被隐去了,至于那些据说奉命杀人的人,证词中也没有提到他们的名字。在同一份证词中,证人提到了几个自认为险些成为受害者的人,他说[1]:“那些涉事人员想逃跑,他们首先征求了市长的意见,市长向他们保证说……”这似乎也是道听途说,因为证词中没有说明证人是否亲耳听到或亲眼看到这些事。没有任何迹象表明这些事情是他们亲眼看到的。另外,在这份证词中,在最后一段的开头出现了省略号,这说明这份证词中的有些内容可能被删除了。目前尚不清楚这一段与证词的前一段是否有联系。

很明显,有些证词之间存在相似之处,如果获取这些证词的过程是完全独立的,那么这种相似程度未免也太高了。举个例子,分析下面这两句话:

- 在种族灭绝期间,市长征用了卫生部门的救护车,用来运送工作人员。他在种族灭绝行动中使用了救护车。
- 在种族灭绝期间,运送我们的救护车被市长征用,目的是运送胡图联攻派的成员,在K市各个地区游走。

这两份证词是在同一天获取的,而且上文已经说过,证人可能是成组给出证词的,有可能这两名证人在提供证词的时候至少能够听到对方的证词。这两份证词之间的相似性让人怀疑其内容的可靠性。

除了道听途说的迹象外，许多证词给出的似乎是观点，而非实际证据。例如，证词中有许多处，似乎都是在推测市长(U 先生)的想法，比如，“我相信这件事肯定引起了市长的注意”，“市长……不可能不知道……的存在”，“市长肯定会注意到……”这些例子让我想到证人可能被问到了一些具体的问题，比如“市长知道吗”，“你认为市长注意到了吗”等等。在法庭上，提出这种性质的问题将被视为诱导证人或有意诱导证人。当然，关于市长可能知道什么或不知道什么，证人似乎发表了他们的观点。除专家证人外，其他证人不应发表自己的观点，而应如实汇报他们亲眼所见或所知的情况。

在一份证词中，突然提到“传闻”这个词，“就这样，(关于 X 家中有砍刀的)传闻在此地四处传播，直到传到市长的耳朵里。他在 B 地的集市组织了一场会议。我不知道这场会议的确切日期……在公开发言时，U 先生……对 X 说……‘设置路障，防止图西族人逃掉’。”

此处的“传闻”一词十分奇怪。即便市长真的组织了这场会议，我们如何确定他是因为这则传闻才“组织”这场会议的？“组织”是什么意思？证人没有说明他/她参加了这次会议。这份证词与其他几份证词一样，含有省略号，这表明有删减，还有可能被编辑过。

基于上述理由，我有一种强烈的感觉，目前的文件证据不足以证明 U 先生的罪名。证词应是公开透明的，不仅仅是在内容方面，获取证词的方式亦是如此。应当指明证人是否进行了主观推测或叙述了道听途说的内容。也应当指明证人是否在回答具体问题时表达了自己的观点，或者只是自发地表达自己的观点。若提了问题，应将问题一并记录在证词中。更理想的状况下,应当对整个取证过程进行录像或录音。总的来说,我觉得对U先生不利的证据在语言学层面上很薄弱。

在庇护和移民法庭的听证会上,法官裁定上述语言学方面的异议,不足以推翻英国内政部拒绝让U先生留在英国的决定。内政部只需提出“重要理由”来证明U先生犯下了种族灭绝的罪行。与“概然性权衡”或“排除合理怀疑”相比,这是相当低的证据水平。

我相信,庇护法庭的听证会之后,U先生已经被遣送回卢旺达,面临种族灭绝罪行的指控。他有罪吗?基于以上证词,我们无法进行判断。在任何案子中,司法语言学家都不会回答这个问题。然而,可以肯定的是,这些证词的语言学质量非常差。

——注释——

1. 为了简洁起见,我在此处用了“说”这个字,但实际上我的意思是“证词宣称他说了”。我对其他证词进行评论时也采用了类似的表达方式。

13. 热带地区的死亡威胁

我要坦白一件事。我在这篇讲述的案子长期以来都让我感到困惑和不安。这种案子注定只能得出推测性的结果,人们永远无法确定。因此我在下文给出的文本几乎都是完整的。我只是把文本展现出来供读者思考。这并不是因为我认为这个案子有任何惊人的发现或戏剧性的发展。相反,我只是以这个案子为例,说明司法工作中比较常见的情况,尽管与人们的普遍观点相悖,但司法语言学家有时确实会陷入未知的境地。不过,我确信我的某位读者可能会在这些文本中看到被我忽略的东西。

这个案件涉及一名在热带地区工作的慈善组织的副经理,鲍里斯·奥勃洛莫夫(Boris Oblomov,化名)拥有俄罗斯血统,在英国长大,上了农业大学,毕业后不久就去了印度,参加了联合国的粮食计划项目。他很快就在欠发达国家的农业问题上展现出了天赋,尤其是在畜牧业领域。在亚洲工作数年之后,他搬到了热带地区的另外一个国家。

虽然在有些人的想象中,志愿组织的工作人员在世界各地阳光充足的地方工作,实属奢侈,但对于大多数工作人员来说,生活是相当艰难的。比起每天去办公室工作几个小时,签几张支票,然后去海滩度假,志愿者的生活肯定要复杂得多。其中一些工作人员真的是冒着生命危险,向贫穷国家的人民提供援助,他们可能会受制于腐败的官员,非政府组织派工作人员去援助人民,而这些官员对受助人民的困境毫不关心。事实上,当地官员随便找几个托词,就逮捕了许多非政府组织的工作人员,其中一些工作人员还被威胁,声称要没收他们的财产,绑架他们的亲属,甚至夺取他们的生命。

奥勃洛莫夫先生就遇到了这种情况。他远离家乡,来到异国工作,他的任务是开设农业课程,给当地的农业知识发展带来长远的提高。他刚到这个国家不久就收到了下面这封电子邮件:

文本 1:第一封匿名电子邮件

Mr oblomov

this is to secretely disclose to you that a group of people have been meeting in a bar in town planning how to kill you. some of them seemed to have worked for your company but leftsometimes back. They are are six, 3 of them look (tribe name). one person (a[tribe name]) is a very well known hitman and operates in [town name]. They were planning to abduct you on your way to airport but you left a day or two earlier. They wanted to intersept you near [place name] and take you to [place name] plantations, you would never be seen again. They all have your photos. They kknew you were going to use either a landrover, a bMw or a red honda. they are coordinating using mobiles. i dont know why they are after your life but they look very determined. now they are waitng for you to return and get you, they even know the date you want to come and want to catch you from airport. somebody in your company is helping them with details. i got to know about this as i sat in a near table and one of them forgot some papers with details behind, they wer talking without fear and looked abit drank. I sat just behind them for about 30 minitesbut did not fear at all. they were also saying that the job will cost 20,000 and any money they find with you is theirs. i advise you stay away, i do not know you but want to help you. these are real killers.

【译文】

奥勃洛莫夫先生：

在此秘密地向你透露，有一群人在镇里一个酒吧碰头，计划着杀死你。他们中的一些人似乎曾在你们公司工作过，但不久前离职了。他们一共六个人，其中三个像是(部落名)的人。有一个(部落名)的人，是非常有名的职业杀手，在(城镇名)工作。他们计划在你前往机场的路上绑架你，但是你提前一两天离开了。他们想在(地名)附近拦截你，把你带到(地名)的种植园去，让你彻底消失。他们都有你的照片。他们知道你经常开路虎、宝马，或者红色本田。他们通过手机协商。我不知道他们为什么要夺取你的生命，但他们看起来很坚定的样子。现在他们在等你回来，他们甚至知道你打算什么时候回来，想在机场抓住你。你们公司有人给他们提供细节信息。我之所以知道这件事，是因为我坐在他们旁边的桌子上，其中一个人落下了几张纸，上面写着详细信息，他们交谈的时候毫无顾忌，看起来有点喝醉了。我在他们后面坐了大约30分钟，但一点也不害怕。他们还说这件事的花销是2万块，要霸占从你那里找到的所有钱。我建议你躲着点，我不认识你，但我想帮助你。那些人是真正的杀手。

不久后,奥勃洛莫夫先生就收到了第二封电子邮件:

文本 2:第二封匿名电子邮件

Boris

I am one of the 4 employees still in the office. I have withheld my identity because I have realised that nothing is a secret any more, the author of the anonymous doc is now a public information. I write as a matter of genuine concern.

We in the office are convinced that there is a real threat at your life, some mysterious people are looking for you (different people at different times). They are not genuine people. The cops are also looking for you, they say they want to return you to court, they look like there is more than meets the eye or more that we know of.

regards

【译文】

鲍里斯:

我是仍在职的那四个人之一。我隐瞒了我的身份,因为我意识到如今没有秘密可言,匿名文件的作者已经为公众所知。我发这封邮件是出于真正的关心。

我们办公室的人确信你的生命受到了真正的威胁,一些神秘的人正在找你(不同的人在不同的时间)。他们可不是善茬。警察也在找你,他们说想把你送回法庭,看他们的样子,事情并不像表面看上去那么简单,可能比我们了解的更复杂。

致敬

就在收到这些电子邮件之前,奥勃洛莫夫与他所在组织的秘书发生了争执。他怀疑这些匿名邮件可能是冈萨雷斯先生发的,于是奥勃洛莫夫派了几名同事去见冈萨雷斯,并递过去了一封信,大致叙述了一下他的担忧。奥勃洛莫夫收到的回复(摘录)如下:

文本 3:前雇员的来信

First, as I informed them, I wish to also inform you that I HAVE NOTHING against you, you stated that you have been receiving threatening text messages and e-mails, I felt very sorry about this. May I bring to your attention that I have received similar messages which are probably worse, I shared those messages with the team and they were shocked, they are still in my mobile and I will show them to you. I have also received e-mail messages, which would move you to tears if you read them. I personally have no time to sit and write such messages at all, they depict a person of very low mental caliber. If I have anything to tell you, I would write to you directly and would never hide my identity, however bitter that message might be. I showed the team the only SMS that I ever wrote directly to you and I did it in good faith, I am sorry if it hurt you, it was never my intention to do so. All of us came to a conclusion that somebody or some people are sitting between us and fuelling the whole matter; they probably want to destroy the organization. It's important therefore that you investigate the source of that information, inform the police and beef up your personal security, please do not risk with your life.

Finally, I ask you to prevail upon the author of the document to come public, at least to reveal himself to you, he or she would then clarify some of the issues to you and therefore you would be in a better position to discuss them out with me. Lets remain positive and remove the perception of hostility or enemity, between you and me, its not there.

Thank you

PW Gonzalez

【译文】

首先,我已经跟他们说过了,我也想告诉你一声,我对你**没有任何**不满,你说你经常收到威胁短信和电子邮件,对此我感到非常抱歉。我希望你知道,我也收到过类似的信息,甚至可能更严重,我给团队里的人看了这些信息,他们很震惊,这些信息仍然在我手机里,我可以给你看。我也收到了一些电子邮件,你看到那些邮件会掉眼泪的。就我个人而言,我根本没有时间坐下来写这些邮件,写这些信的人似乎智力非常低下。如果我有什么事要告诉你,我会直接写信给你,绝对不会隐瞒自己的身份,哪怕信中的话非常难听。我给团队里的人看了我曾经直接写给你的唯一的短信息,我是善意的，如果它伤害了你，我很抱歉，这不是我的本意。我们都得出了这样的结论，有人或有些人挡在我们中间，为整个事件火上浇油；他们可能想破坏我们的组织。因此，重要的是你要调查这些信息的来源，通知警方，然后加强你的个人安全，请不要用自己的生命冒险。

最后，我建议你劝导作者公开自己的身份，至少向你透露他的身份，然后他或她会向你澄清一些问题，如此一来你就可以更好地与我讨论这些问题。我们应该保持积极的心态，不要想着你我之间的敌意，那根本不存在。

谢谢

PW 冈萨雷斯

我要说的第一件事是，这些文本中提到了很多次"你的生命"，且每一次都在前面搭配了不同的介词。因此，在那两份存疑信件中，我们看到了"i dont know why they are *after* your life but they look very determined(我不知道他们为什么要夺取你的生命，但他们看起来很坚定的样子)"和"we in the office are convinced that there is a real threat *at* your life(我们办公室的人确信你的生命*受到*了真正的威胁)"，而在非匿名信件中，我们看到了"beef up your personal security, please do not risk *with* your life(加强你的个人安全，请不要*用*自己的生命冒险)"。这与作者身份没有必然联系，但这一点还是很有意思的，因为文本中其他介词的使用相当规范。对于非母语者来说，介词的用法是最难掌握的。对许多学习者来说，英语中难以掌握的另一个方面是"the"的用法。在大多数情况下，上述文本中

“the”的使用是非常恰当的，但也存在一些错误，例如，文本中的“to airport”和“from airport”应当写成“to the airport”和“from the airport”。然而，文本中表现出的词汇语法[1]是非常规范的，我们看到文本中轻松地使用了“intercept(拦截)”“concern(关心)”“determined(坚决)”和“convince(确信)”之类的词。因此，看到小写的“i”(而且不止一次)以及将“were”拼写为“wer”时，我并不认为写信的人缺乏能力或基本技能。还要考虑这样一个事实，文本1以小写字母开头，将“secretly”拼写成“secretely”，把“BMW”写成“bMw”。除了“lefttsometimes(left some time)”“kknew(know)”和“waitng(waiting)”这样的拼写错误，还有“bMw(BMW)”这种奇怪的大写方式，这说明写信的人不擅长使用键盘。然而，我认为真实的情况是，匿名信的作者在有意识地掩饰自己的风格和键盘的操作水平。键盘操作能力的明显欠缺和基本的拼写错误是用来掩饰作者身份的常用手段。然而，写信的人努力展示出自己缺乏能力，与其他一些熟练使用语言的迹象矛盾，上文已经给出例子。因此，我想知道这些信是否真的像他们声称的那样，是“真正的关心”，或者写信的人是不是真的想“帮助你”。

在我看来比较有趣的另一点是，冈萨雷斯先生看待奥勃洛莫夫先生收到的明显的死亡威胁时，似乎完全以他们之间存在的问题为出发点，“我们都得出了这样的结论，有人或有些人挡在我们中间，为整个事件火上浇油”，还有“一些已经离职的工作人员对这个问题非常感兴趣，我有一种感觉，不能排除他们搅和事情的可能性”。

再次申明，这与作者身份无关，但这一点让我联想到，冈萨雷斯的信中提到“有人或有些人”，尤其是“一些已经离职的工作人员”，似乎呼应了第一封匿名信中的“他们中的一些人似乎曾在你们的公司工作过”。我们还注意到，第一封匿名信中的“你们公司有人给他们提供细节信息”与冈萨雷斯信中的“有人把信息泄露给了他们”形成了呼应。和许多匿名信一样，文本 1 和 2 使用了大量影射手法。因此，在匿名信中能看到一些表意模糊的短语，例如“一群人”和“一些神秘的人”，这与冈萨雷斯先生在非匿名信中写的“有人或有些人”相对应。同样值得注意的是，在存疑文本和已知文本中，写信的人都声称有一个人正在泄露信息，而且不止一个人(离职的工作人员)正在进行谋划或者参与其中。

分析一系列匿名文本时需要注意的是，不能想当然地认为它们一定出自同一人之手。我在这两篇匿名信件中发现了一些有趣的联系，上文已经提到了有关“人”的说法，与“life”搭配使用的介词显然不恰当，例如“after your life(夺取你的生命)”和“at your life(生命受到威胁)”，“real killer(真正的杀手)”和“real threat(真正的威胁)”之间也存在呼应。虽然这些肯定无法表明作者身份，但我不排除它们能够证明作者身份的同一性。

最后，我想提请读者注意文本 2 中的这句话，“匿名文件的作者已经为公众所知”。我认为，作者在这里的意思是，“公众”已经知道奥勃洛莫夫收到了一份匿名文件。这对应了冈萨雷斯在信中所说的“我建议你劝导作者公开自己的身份”。不仅出现了“作者”“文件”和“公众/公开(public)”之间的搭配[2]，而且(我认为这一点至关重要)“公众/公开(public)”这个词的使用方式比较类似。在“匿名文件的作者已经为公众所知”这个例子中，我认为作者笔下的“公众”实际上指的是奥勃洛莫夫所在公司的员工，而不是一般意义上的公众。我认为在冈萨雷斯先生所写的文本中，这个词可能有着类似的含义，他写道：“我建议你劝导作者公开自己的身份，至少向你透露他的身份”。他首先建议奥勃洛莫夫"劝导作者……公开身份"。然而,与另外一个例子一样,这并不意味着要让作者向一般意义上的公众公开他/她的身份,而是向奥勃洛莫夫先生或他所在的公司公开,"……向你透露他的身份"也能表明这一点。因此,"public"一词似乎在这两个文本中都表达了特定的含义,或者至少可以说都出现在了特定的语境之中。

分析进行到这个环节,我只能说自己没有什么可补充的,看起来已知信件和存疑文本之间确实存在联系,但我们在此基础上不能多言。在我看来,肯定不能排除冈萨雷斯先生可能是写匿名信的人。不幸的是,我没有看到写匿名信的人后续的任何文本,因为在我接受这项工作任务后不久,奥勃洛莫夫先生就消失了,直到今天我还不知道他发生了什么。

——注释——

1. 单词语法的使用方法。传统的观点认为,语法和词库是分别存储在个人的语言系统中的,但如今的语言学家认为这两者是一个集成的、相互依赖的系统,是词汇"选择"了语法。因此,只有在适用于某个词汇的"规则"得到正确应用时,存在于我们个人词库中的这个词汇才真正成为我们个人语法的一部分。

2. 搭配:字面意思是文本中两个词并列而置。1951 年,英国语言学家约翰·鲁伯特·弗斯首次提出了搭配的概念,为语料库语言学中语篇研究奠定了坚固的基石。

14. 由“专业人士”提出的不实指控

比尔·约翰逊是美国中西部的一名商人,他曾经最喜欢做的事就是坐上自己的私人飞机,飞到墨西哥去度假。他曾经是中西部某飞行俱乐部的成员,经常协助其他成员开私人飞机去旅行,为他们提供购买飞机的建议,甚至帮助其中一两个人在机场建造了自己的飞机库。然而,飞行俱乐部就像钓鱼俱乐部、象棋俱乐部或汽车俱乐部一样,可能会成为嫉妒和竞争的温床,因为成员之间会互相竞争委员会的席位,想要为他们心爱的飞机争取更好的泊位,或者赢得主席的青睐。比尔·约翰逊早就决定远离俱乐部的内部斗争——他只想驾驶飞机。作为一个非常成功的承包商,比尔在美国各地都有客户,他算是很幸运的,不需要在俱乐部里争抢职位。大多数情况下他都是在周末飞行。

曾经有人向他出租机场地面上的一块土地,租期为 25 年。他签下了租约,并在那块土地上建造了一个最先进的机库。某个周日的早晨,他来到机场却发现自己的飞机和机库被飞行俱乐部的老板扣押了,他的恐慌可想而知。他甚至不能进入机库取走自己的个人物品。对于这种极端措施,俱乐部给出的理由是约翰逊一直在秘密撰写一份网络杂志,而管理层认为这对他们的组织有害。他们把所谓的约翰逊一直在编写的网络杂志拿给他看,我称之为 X 文件。其中一些文章对飞行俱乐部的管理层提出了温和的批评,但算不上是有害的。事实上,只不过是一些漫不经心的文章,而且文笔很差,写了某些成员的小癖好,还有其他人的虚荣和野心，十几个人共处一地时，一般都会出现文章描述的那种乱象。约翰逊觉得自己被冒犯了，因为文章的语法、拼写和标点符号都很差。

比尔·约翰逊想要申诉自己的清白，却被告知“没有机会”。几个俱乐部保镖把他押送到围墙外，并告诉他，他们不仅要扣押他的飞机和机库，还要起诉他，榨干他的财产。说到比尔的那些财产时，他们高兴地笑了，似乎十分了解他拥有哪些财产。约翰逊越来越怀疑他们的真实动机，立即联系了他的律师，提出了反诉。俱乐部意识到他们即将迎来一场恶战，于是邀请了一位教授来评估约翰逊有没有可能是 X 文件的作者。报告如期完成，约翰逊先生的律师联系了我，想让我看看是否“能做些什么”。

首先，我想说的是，进行评估的那位教授在他的领域里很有名，我相信他在自己的学校里也很受欢迎。然而，他对司法语言学和作者身份识别似乎都没有特别详细的了解。我找不到任何他的有关司法语言学或作者身份识别的出版物，而且据我所知，他并不是，而且从来都不是国际法律语言学家协会的成员，该协会汇集了对该领域研究感兴趣的人士，会出版自己的同行评审期刊并定期举行国际会议。

一开始就能看出这位教授缺乏经验。例如，该教授选择文本的方法似乎有所缺陷，我一度以为他对语言中词汇的分布方式作出了一些相当大胆的假设。他使用统计数据的方式也令人怀疑。然而，法庭是如何认为的呢？这才是问题所在。

我还注意到，威勒比教授（化名）在撰写报告时似乎缺乏客观性。举个例子，他对自己任务的表述是“提供一份报告，说明比尔·约翰逊先生写的一组文本（信件和电子邮件）与 X 文件中的一组不同的文本之间的语言学相似性……”报告的作者似乎已经认定这两者之间会有显著的相似之处，只是在寻找证据来支持这一观点。调查这类问题的调查人员应该完全公正，而且应该使用更加中立的语言来进行措辞，例如，“……提供一份关于 x 和 y 之间任何可能的语言学相似性的报告”。我还注意到，威勒比并没有表明他的报告是为了协助任何可能的法院或其他事实审判者而写的。司法语言学家虽然接受别人的委托，但不会站在客户的立场工作，司法语言学家的工作是协助法庭。

威勒比在序言中声称：

> 司法语言学领域主要研究作者身份识别问题。这一领域历史悠久，公众主要通过著名作家（例如威廉·莎士比亚）的作者身份争议案件来了解这个领域。然而，这些方法也用于法证研究，例如，通过比较个人笔记和广为流传的宣言来鉴定“大学炸弹客”的身份。

如果以上引文是专家的观点，那么其中就有几处令人不安的地方。首先，司法语言学是一个相对较新的领域，并没有“悠久的历史”。“司法语言学”(forensic linguistics)一词最早是由简·斯瓦特维克在 1968 年创造的。我曾经问过他是如何想出这个词的，他说他曾在 20 世纪 60 年代看过一部名为《昆西》的电视连续剧。“司法学(forensics)”这个词总是被提到，他认为如果删掉这个词的最后一个“s”，它就可以作为形容词，成功地应用到“语言学”(linguistics)这个词中。事实上，有史以来第一篇关于这个问题的论文[1] 题目就是“司法语言学”这个词。然而，这个词直到 1994 年才被广泛使用，当时第一本学术期刊的标题中就出现了这个词。此外，作者身份识别并不仅限于司法语言学领域。在文艺诗学中也很常见，且在这个领域中有着更悠久的传统。莎士比亚的作者身份不是一个司法问题，而是一场民粹主义的争论，学术界对这场争论几乎没有什么兴趣(尽管对作者身份问题有一些兴趣)。最后,经典文学的作者身份是一个在法律层面没有延伸的学术研究领域,因此不能称之为“司法语言学”。更有甚者,威勒比关于“大学炸弹客”的评论也是不正确的:起初确定他的身份是根据他写给哥哥和嫂子的信中的文体因素,而不是像威勒比声称的那样,是根据他的笔记本确定的,那些笔记本是在他被捕后才发现的。我恰巧从负责这个案子的联邦调查局特别探员吉姆·菲茨杰拉德那里得到这个一手消息。

关于作者身份识别问题,威勒比声称有三个程序,分别是:(1) 语言学特质的非正式分析;(2) 语法功能词分布的统计分析;(3) 使用人工智能技术的神经网络训练。

实际上,威勒比在此处似乎混淆了术语。他首先说有三个主要程序。然后他提到了“通用方法”,随后他将方法称作“程序”,然后再次提到了“方法”,最后称之为“技术”。这种术语的混淆让我觉得威勒比并不理解方法、程序和技术之间的区别。他甚至没有讨论过方式。

首先讨论解决问题的方式,这个想法似乎很正确。最基本的方式是主观地评估风格特征,即某个作者所特有的,或者似乎是他特有的特征。这种方式有其作用,但有些人认为它是“不科学的”,因为无法轻易地对其进行量化。另一种方式是量化方式:任何一种量化技术都可以应用于任何一种语言学特征。通过量化方式进行度量和统计分析的三个基本领域涉及:(1) 文本的词汇;(2) 语法(或功能)词汇[2];(3) 利用压缩算法、神经网络等方式进行的语言建模。对于这三种方式,每一种都有许多可用的度量和分析方法。

在谈到他的第二个“方法”时,威勒比说:“第二种一般方法涉及对‘与上下文无关的’词的分布进行统计分析。”然后他引用了两个作者的话,尽管报告结尾列出了参考文献,却没有记录实际的页码。与大多数学术作品一样,在报告中为读者提供参考资料的确切位置至关重要。仅提供参考文献的名称是不够的,原因很简单,其他人对报告作者的主张进行评价时,缺少必需的信息。

然后,威勒比在谈到他的第二个"方法"时声称,"这一程序在该领域得到了广泛的接受",但我对此表示异议。没有哪一项单独的程序曾在该领域得到广泛接受。况且他也没有指明在哪个领域。如果他指的是司法语言学领域,那这种说法完全不对,据我所知,没有哪位语言学家向法庭提交过基于功能词数量得出的作者身份识别结果。如果他指的是计算语言学领域(该领域十分关注作者身份问题,但却没有能力对司法语言学作出任何贡献),那么情况可能如他所说。然而,应该注意的是,计算语言学家通常会处理很长的文本,例如小说、长篇论文以及其他体量比较大的作品。事实上,在司法语言学领域中,我们分析的文本大多数都是很短的。仅用三篇文本进行调查,这种情况并不罕见,每篇不超过几百字,有些甚至不到 50 字。因此,司法语言学的技术往往与文学作品识别的技术有些不同。无论如何,我不知道有哪一位计算语言学家提供过与司法作者身份识别主张相关的专家证据。

在专家报告中,作者有时会提出一个大胆的主张,经不起严密的交叉质询。因此,威勒比写道:"最近有人认为,对两种文本进行完整的句法分析可以更直接地实现同一目标,尽管这种方法要耗费更多的劳动,而且在当前分析任务的时限内不可能实现。"这似乎意味着威勒比拥有完成这项任务所需的知识和软件,最重要的是,他有这方面的经验。据我所知,几乎没有语言分析家试图对一份 20000 字的文件或一组文件进行"完整"的分析，无论如何，进行句法分析是一项高度专业化的任务，几乎没有语言学家具备这项能力。

威勒比还说：“人们普遍认为，大量这类词汇的出现频率构成了每个作者的一种类似于指纹的特征。”然而，尽管这有可能是“人们普遍认为”的，但任何曾经涉足过作者身份识别的语言学家并不接受这一点。事实上，这与我们所理解的语言的习得和使用方式，以及语言在整个人类生命周期中发展和萎缩的过程大相径庭。与他的另外一些主张一样，威勒比并没有为他笔下的“人们普遍认为”这一概念提供任何依据。

威勒比在他的分析中还提到了一种臭名昭著的作者身份识别方法，这种方法在十多年前就被法院驳回。它被称为“累积和”统计方法，由一位教区牧师和一位计算机科学家开发。它受到了语言学家和心理学家的猛烈抨击。威勒比在标题“功能词分析”下声称，“累积和”方法遭到驳回的原因是因为“由 2 个和 3 个字母组成的单词，以及以元音开头的单词，并不属于自然的语言类别”。事实上，这远非“累积和”统计方法遭到驳回的主要原因。它之所以遭到驳回，主要是因为它违反了几项基本的科学原则，而且完全不了解语言学的一些基本原理。考虑到威勒比就职于一家大型教育机构，我认为他应该了解这一点。同样让我惊讶的是，一名“专家”在撰写关于作者身份识别的报告时，会提起一种早已被整个司法语言学界否认的方法。

后来，还是在功能词分析的话题下，他说：“在作者身份识别研究的早期阶段，人们认为平均句长具有重要意义。”讽刺的是，他所说的是一百年前数学家们所做的工作，从奥古斯都·德·摩根（Augustus de Morgan）、TC. 门登霍尔（TC Mendenhall）到后来的乌德尼·尤尔（Udney Yule）。虽然这些数学家都很杰出，但其中没有一个人与语言学有任何联系，甚至没有一个人对语言的研究真正感兴趣。因此,将他们的工作描述为“作者身份识别研究的早期阶段”算是一种编造。同样让我感到困惑的是,为什么威勒比又一次地介绍某种方法,然后又说这种方法并不适合进行作者身份的识别工作。

还是在“功能词分析”的标题下,威勒比又提到了一个被称为“类符与型符之比”的度量。“类符与型符之比”是语言学家衡量特定长度文本中词汇丰富程度的多种方法之一。型符指的是文本的总长度,类符是所衡量文本中不同单词的总数。然而,“类符与型符之比”很少用于功能词,这主要是因为它的功能是衡量文本的词汇丰富度。出于这个原因,看到威勒比在功能词(即语法词)的话题中提到这种方法,我感到很惊讶。从更加宏观的角度来说,这似乎很奇怪,他再一次介绍了一种衡量方法,同时他也承认这种方法对作者身份分析几乎没有什么用。

威勒比说,约翰逊的文本和 X 文件都是以纸质形式提供的。鉴于 X 文件已经流传于互联网,他使用 OCR(光学字符识别)技术对打印文本进行扫描,然后使用各种校对程序来确保其准确性,这一点似乎出人意料。对于任何分析人员来说,打印电子文档,然后进行扫描,再进行校对,从而生成一份准确性与原始文档相当或更好的版本,这个举动似乎有点奇怪。威勒比称:“每一页都经过 OCR 助手校对。”他没有说明这个 OCR 助手是真人还是软件的一部分。许多软件包都有 OCR 助手,通常在排版、文本组织等方面提供“帮助”。威勒比说:“使用了拼写检查器来纠正没有出现在原文中的错误。”我不确定这是什么意思。他的意思是,拼写检查器使用了标准拼写字典来排除错误,还是使用拼写检查器来确保原始错误得以保留?我不确定拼写检查器如何能够做到这一点,这应该是由威勒比亲自完成的。

上述几点问题同样也出现在已知的比尔·约翰逊文本中。

这些文本大多是约翰逊先生在早期阶段写的电子邮件文本。如果这些已经是电子文件了，为什么还要打印出来，然后进行扫描和校对呢？一些早期的 OCR 扫描软件包会消耗大量处理器资源，还会产生多种错误，因而臭名昭著，尤其是在处理电子邮件等文档时。顺便说一句，“错误”这个词在这里必须谨慎使用。在这种语境下，错误并不意味着语法、正字法、拼写或标点错误，而是指扫描过程是否产生与源文本*不同的*文本。如果扫描仪忠实地生成了一个本身就是错误的文本项，那么在司法语境中，这就不是一个错误，而是正确的。另一方面，如果扫描仪（例如，通过其内置的拼写检查器）“纠正”了错误，即使所生成的内容在语法、正字法和其他方面都是正确的，这也算是一个错误。OCR 扫描软件中的拼写检查器通常都是为了纠正软件发现的拼写错误，然而在司法语境中，重点在于不能“纠正”任何东西，因为司法文本必须始终*按原样*呈现。

我非常怀疑，有没有人能够按照如此高的标准校对两万字，保证扫描件没有出错，尤其是在时间有限的情况下（威勒比在报告的其他地方暗示了这一点）。即使是最细心的作者也会产生各种错误，如果 OCR 扫描程序没有识别出这些错误，或者以某种方式扭曲了这些错误，那么威勒比的这一版 X 文件很可能不能准确反映原材料。这一点同样适用于约翰逊先生自己写的文本。威勒比没有提供他用来撰写报告的文本的副本。约翰逊要求查看自己写的电子邮件，这些邮件在报告中作为分析的对象——被称为“样例文本”，但威勒比拒绝了这一要求。这一点十分不符合常理，因为这意味着此时无法对本案中分析的文件进行来源或准确性方面的验证。

威勒比的下一个标题是“样本的选择”。就我所知，他至此阐述过的唯一一个方法恰好也是被他否认的方法。他至此还没有说明他打算用什么方法来进行他的“身份识别”工作。此外，在司法工作中，永远不会将存疑文本称为样本。它们是不可分割的一组文本，因为分析工作的整体目标是识别作者的身份，或者更科学地说，是发现否认或不否认某个人或另一个人是作者的依据。

至此还没有说到威勒比报告中最严重的语言学缺陷，这个缺陷与样例文本的文本类型有关。威勒比说，这些样例都是“说明性散文”。说明性散文只是写作方面的一个技术术语，旨在解释某些内容——通常是技术性的。威勒比列出的一些非可疑样例确实属于“说明性散文”，例如，他在自己的非可疑样例文本语料库中收录了一篇本科论文，还有一篇语言学博士论文的一部分内容(有可能是他自己的论文)。然而，我们可能会质疑，比尔·约翰逊的电子邮件(即使是非常正式的主题)是否完全符合“说明性散文”的标准，因为在异步电子媒介[3]上写的文本，其结构通常比更正式的散文松散得多，而且可能在收件人写法和语气方面都是非正式的。此外，我们甚至可以质疑，威勒比语料库中的一篇文本(他自己写的给本科生的讲座)是否有资格成为传统意义上的散文，因为这篇文本是用来演讲或读给一组人听的，并非供读者阅读。我想知道他为什么选择“说明性散文”作为他的分类标准，X文件绝对不是说明性散文。若要分类的话，应该是温和的政治讽刺文章。

威勒比在调查作者身份时用了自己的作品，这一点也让我有些惊讶。从事司法语言学研究近十五年之久，我从未听说有人这么做过。在司法工作中，这种做法十分不专业，似乎能够说明他缺乏司法领域的经验。举一个类比的例子，选举研究员为了在表面上提高某一特定政党在抽样选民中的支持率，在其研究的选举民意调查中记录了自己的投票意图。我们当然会认为该研究员的这种做法会对民意调查结果产生不利影响。我非常怀疑学术研究人员会将自己的研究成果纳入待研究的语料库中，除非出现了非常特殊的情况，但我认为本案的情况并非如此。

因此，我们在此处可以看到语篇类型和体裁类型十分混乱，导致语域在一定程度上也是混乱的，我将在下文对这个问题进行详细描述。然而，讨论语域问题之前，我要说明，在威勒比的样本文本语料库中，文本类型与体裁类型的多样性值得注意。文本类型方面，有讲座、电子邮件、一篇短文还有一篇论文。在我进行过或研究过的大多数作者身份分析中，通常都要确保样例文本的类型是同质的，除非有实际原因可以不这样做，例如，如果存疑文本的类型十分罕见。这种情况当然不存在于当前案例。然而，我可以理解，威勒比之所以使用约翰逊的电子邮件，只是因为他没有约翰逊撰写的其他文本可以用作样例文本——但在这种情况下，他本应该只使用电子邮件，或者，在最坏的情况下，只对电子邮件和网络杂志文本进行比较。这种体裁的混合性也值得注意，学术文本混杂着与委员会管理有关的文本，然后将这些文本与那些对飞行俱乐部管理至关重要的匿名项目进行比较。就体裁而言，不能将其称为一个同质语料库。最后，威勒比似乎并没有意识到，他所分析的不仅仅是作者身份不明的文本，而且还有匿名或隐藏作者身份的文本。威勒比似乎没有考虑到匿名作者可能会试图掩饰自己的作品，就像打匿名电话的人会试图掩饰自己的声音一样。毫无疑问，任何分析程序的结果都会被这种试图掩饰作者身份的行为影响。

回到语域这个话题，那么，我们需要对这个术语进行更深入的讨论，才能了解威勒比哪里出了错。语域的概念涉及这几个问题：文本是如何生成的，文本是写给谁的，其结构和内容是否正式等。我们认为语域包括三个变项：

1. 语式是指语言的传播渠道，涉及的问题有：文本生成的方式，例如写作、演讲或口述；文本是否以一种方式生成制作，但以另一种方式应用（例如，事先写好的新闻发言稿、讲座等）；语言的应用是否结合了视觉或交互模块（例如报纸上的照片和漫画，或学术期刊上的图表）。因此，在比较文本、分析作者身份的时候，或进行其他任何语言学分析时，一定要注意语言语式的统一。近年来，人们对异步电子媒介（如电子邮件和手机短信）进行了大量的研究，发现这种文本与口语有许多共同的特点。因此，我并不认为人们可以有把握地对电子邮件和论文，或者电子邮件和网络杂志文本进行有效的比较。威勒比的样例文本中有事先写好的面向听众的讲座演讲稿，也有写给同事的电子邮件，还有本科生论文，从这一事实可以看出威勒比似乎没有认真对待语域因素，结合他自诩的语言学背景，这一点令人感到惊讶。他似乎在表达这样一种观点，即他所有的样本文本都是“说明性散文”，而且这是一个足够细化的分类，足以确保语料库的同质性。我认为所有语言学家都会反对这一点。

2. 语旨是语域的一个变项，它关注的是文本作者与接收者之间的关系，即作者与读者、说话者与聆听者、演讲者与听众之间的关系等等。在上文中，我阐述了语言模式的不统一会影响范例文本和 X 文件之间可能存在的有效比较，我认为同样的观点也适用于语言语旨的问题。因此，写论文的学生要把论文交给其教授打分。电子邮件的作者可能认识，也可能不认识自己的收件人，但在这种情况下，作者—读者的关系与学生—教授的关系不一定具有直接可比性，学生—教授的关系本身就与课堂语境中教授—学生这种听众关系明显相反（鉴于威勒比在他的样例语料库中列入了一节课堂讲稿）。基于这个原因，进行作者身份分析时，通常会选择与存疑文本在*语旨*问题上相匹配的范例。

3. *语场*也是个重要的语域问题。广泛地说，它涉及文本或一组文本的主题领域，以及文本语言(在表现意义上)的目的。威勒比选择的样例文本在语场属性方面也不统一，与其语式和语旨属性一样。例如，样例文本中包含关于语言学的高级学术散文(毕业论文)，也有关于委员会和管理层的电子邮件，还有关于语言学的讲座以及未指明主题的本科论文。疑似作者的样例文本包含发给其飞行俱乐部的关于飞行和俱乐部事务的电子邮件。这与存疑文本X文件非常接近，但与上文提到的非存疑样例文本完全不匹配，然而，这种匹配只是在*语场*方面，并不涉及文本类型，如前文所述，文本类型的不统一可能会影响作者身份分析的有效比较。威勒比通过这种方式构建语料库，在他的分析程序中倾向于选择约翰逊作为最有可能的作者。

4. *其他社会语言学问题*：我们不知道大多数候选作者的年龄和性别，也不知道他们的教育水平。更为关键的是，威勒比的报告中没有提到任何匹配社会语言标准的尝试。在作者身份分析中，通常的做法是，若不能并列比较疑似作者与候选作者库(例如，主要疑似作者就职的公司或组织中的其他人员)，应该尝试匹配库中的候选作者与疑似作者，类似于列队辨认的操作。举个例子，我们很难想象列队辨认中会出现一名秃顶的高个子中年男子、一名矮胖多毛的年轻男子、一名年轻女子、一名上了年纪的男性或女性等等。此外，在调查的理想过程中，我们可能想要确保候选作者来自相同的地理区域，从事着级别相当的类似职业，而且所有文本的完成时间都十分接近。威勒比没有提到这些。

威勒比在他的报告中似乎含蓄地承认了X文件的作者是

一个人。他排除了“给编辑的信”以及文本中其他明显不是疑似作者写的内容,但他没有提到 X 文件的作者可能不止一个。不过,我们应该谨记于心,各种类型的单人署名的出版内容,其背后可能存在数个没有明确署名的编辑或供稿者,这种情况并不少见。此外,在各种杂志中,两个或两个以上作者合作撰写一个文本,按照特定的内部风格对文本进行编辑,这种情况也并不罕见。因此,非专业人士阅读威勒比的报告时可能会认为,可以放心地假设文本的作者是单一的,这可能会损害读者的识别力,因为报告中没有提及任何多个作者合作的可能性。

综上所述,威勒比的报告达不到法院所期待的专业标准,无法为事实审判者提供协助。原因有以下几点:

• 他的文本选择有缺陷,因为他把自己的作品和别人的作品混在了一起,没有注意到体裁、文本类型、语式、语场或语旨等问题。他忽视了诸如年龄、性别和教育水平等社会学方面的问题。他完全没有考虑到双重作者身份以及身份掩饰的问题。

• 他似乎没有意识到功能词并非完全没有上下文,他似乎认为平均句长和类符—型符之比都与功能词分析有关。此外,他准备文本的方法也令人怀疑。他为什么要扫描成电子文本呢?扫描出来的成品准确性如何呢?

• 没有提供理论依据来支持他的观点,我们不知道他为什么认为作者能够形成语言学意义上的指纹,而事实上,我们有充分的理由来反驳这种观点,例如,我们认识到语言是一种在社会中习得的技能,而不是遗传的属性,它会受到影响,会发生变化,而且语言容易受到宏观的社会同质化的影响,如教育和媒体。

在我的专业观点中,威勒比对主题的理解及其语料库的选择令整个报告丧失了价值。我将在下文中说明其重大错误的两个方面,即语言分析方法的缺陷,以及统计报告方法也有的缺陷。为了解释我的观点,我现在对语言中的两种主要类型的词进行探讨,即词汇词和功能词。人们认为词汇词是具有意义的词,其中包括名词、形容词、动词和某些副词。另一方面,功能词不具有独立的意义,而是实际地承载了语言的语法,功能词包括介词、限定词和功能副词之类的词。这是对词汇的传统划分,将其分为语义结构的类型或层次,最初由亨利·斯维特提出,他提出的是“意义单位”(即词汇词)和“形式词”(即功能词)(斯维特,1891:22)。

在威勒比报告的“样本选择”这一节中,威勒比的程序有点让人摸不着头脑。显然,他从每组文本中选取了出现频率最高的 50 个单词,并且只保留了那些“与上下文无关”的单词。他说,他放弃了“与上下文相关”的词,如“飞机滑行道”。我不清楚他的意思是放弃了所有的词汇词,还是只放弃了那些他认为与上下文有关的词汇词。他判断上下文相关性的依据或定义是什么?无论如何,我们需要整体审视一下功能词的上下文相关性这个问题。我们可能会认为功能词的分布不依赖上下文,但并非所有的功能词都是如此。有些功能词在各种体裁或文本类型的文本中都呈现出相同的分布情况,因此这些词的分布与上下文无关。另一方面,有些功能词则会呈现出不同的分布情况,取决于文本类型或体裁,因此这些词的分布与上下文有关。

如果分析语料库包含不同的文本类型,那么这种分析程序就会扭曲这些高频词的分析结果,无法对存疑文本与已知文本进行准确的比较。我将在下文对这一点进行说明,我会通过一些简单的字数统计软件,提供一些不同文本类型的功能词频率的示例。在第一个例子中,我在一个与存疑文本相似的媒介(即报纸文章)中统计了词频。然后,我将这种媒介中的词频与电子邮件中的进行了比较——电子邮件是威勒比语料库中所包含的一种文本类型。我决定只统计最常见的功能词,即限定词和不定限定词,结果如表 14.1 所示。虽然从表 14.1 中能够看出,"a/an "在两种文本类型中的分布情况相似,但"the"在两种文本类型中的分布却有显著差异。事实上,这一现象有合理的语言学方面的原因,因为报纸文章通常与第一和第二人称的人(比如"我""你"等)无关,而电子邮件通常都是关于"你"和"我"的,或者内容中包含"你"和"我",以便就其他事情进行对话。这一点在接下来的统计工作中也得到了清楚的验证,我们对选定的人称代词(单数或复数)进行了相同的语料库分析统计,结果如表 14.2 所示。

表 14.1 功能词"the"和"a/an"在新闻文章和电子邮件文本的小语料库中的分布情况

词汇	新闻	电子邮件
the	0.074	0.044
a/an	0.027	0.026

表 14.2 选定的单数/复数代词在新闻文章和电子邮件文本的小语料库中的分布情况

词汇	新闻	电子邮件
I	0.00	0.04
you	0.00	0.02
he/she	0.01	0.01

从表 14.2 可以看出,所选的第一人称代词和第二人称代词在新闻文章中几乎不存在,但在电子邮件文本中出现的频率相对较高。因此,表 14.1 和 14.2 的结果似乎能够说明,如果对不同类型的文本进行比较,我们不应该依赖一些常见功能词的频率统计来完成作者身份识别的目的,因为文本类型和体裁的影

响可能会扭曲结果。例如，如果我们分析同一个作者撰写的电子邮件和新闻文章，很有可能会发现这两种文本类型的统计结果与上文表格的结果相似。

因此我们需要谨慎对待“与上下文无关”和“与上下文相关”之类的术语。虽然功能词在理论上可能是与上下文无关的，或者其与上下文的相关性低于词汇词，但当我们在进行作者身份识别这样一个精确的任务时，“上下文相关性”似乎并不是一个有用的概念。作者身份识别是一项严肃的任务，特别是在人们的名誉、自由甚至生命受到威胁的时候，在学术讨论中可能有用的定义，应用于作者身份识别等精确而重要的任务时不一定有用。我向法庭陈述了我的分析之后，飞行俱乐部撤回了对约翰逊的指控，并为他们给他造成的痛苦支付了巨额赔偿金。当俱乐部的管理层对其最忠实的成员提起这一诉讼时，不知道他们到底在想什么。有一次，约翰逊先生观察到俱乐部的管理人员在停着的车内拍摄了他小孙子在花园里玩耍的照片，这同样也是一种莫名其妙的行为。[4]

至于威勒比教授，我没有听说他进一步涉足司法语言学，虽然我希望他在自己所选择的领域内能够有长远而成功的发展，但我相信，在他获得充分的知识和经验来处理这类问题之前，他仍然无法深入涉足司法语言学，这些问题在现阶段都不属于他习惯的领域。

——注释——

1. Jan Svartvik, *The Evans Statements: A Case for Forensic Linguistics*, Gothenburg: Acta Universitatis Gothoburgensis, 1968.

2. 语言学家认为词汇主要分为两大类：词汇词和功能词。

词汇词是实义词，如“happy”“table”“love”等。功能词有助于表达语法，没有内在意义。因此“the”是功能词，“of”“any”“into”等都是功能词。

3. 异步电子媒介指的是消息回复有延迟的媒介（因此是“异步”）。其中包括电子邮件、手机短信、ICQ和聊天室消息等等。

4. 绝对不是暗指威勒比教授与此有任何关系。

——参考文献——

H. Sweet, *A New English Grammar*, Part II, Syntax, Oxford: Clarendon Press, 1891 (Reference here is to the 1968 impression).

15. 死刑犯

1994年5月18日下午,在南卡罗来纳州,住在查尔斯顿附近的亚当斯鲁恩的约瑟夫·拉斐特和芭芭拉·拉斐特在家中死于枪伤。第二天,一个在该州旅行的年轻人被捕,随后接受审判,并被判有罪。他目前在南卡罗来纳州的里奇维尔,被关押在利伯惩教所的死囚牢房。他所在的南卡罗来纳州惩教机构的编号是5041。他的名字叫詹姆斯·厄尔·里德,被捕时他刚从肯塔基州的联邦监狱获释不久。他在回北卡罗来纳州的路上,离查尔斯顿不远的地方被捕。碰巧,他在进监狱之前就认识拉斐特夫妇了。由于詹姆斯曾经和他们的女儿有过一段恋情,控方认为这起杀人案是一起恶意谋杀。这对年轻的情侣闹翻了,据称,詹姆斯驾驶着一辆汽车愤怒地朝拉斐特女儿的新男友开去。这就是他在肯塔基州服刑的原因。据说,他回到南卡罗来纳州是为了报复这个女孩。由于找不到她,他愤怒地向女孩的父母开了枪。被定罪后,里德被关押在死囚牢房近12年,一直试图让人们倾听他对此案的看法。他声称警探们写的证词不是他所说的。最后,他与一个名叫菲利普·厄普顿的私家侦探取得了联系。厄普顿听了里德的故事,给我寄了一份里德的书面证词以及他的一些书写样例。世界各地的正义之轮都在缓缓转动,对死刑犯尤其如此。詹姆斯·厄尔·里德已经学会了忍耐,但他仍然坚持自己是清白的。

里德的书面证词大约有1500个词。我将在本篇末尾完整地附上这一证词,因为这将有助于理解本案的事实。

书面证词由南卡罗来纳州查尔斯顿县警长办公室的 D. R. 黑尔警探手写,日期为 1994 年 5 月 19 日。证词描述了里德先生如何于 1994 年 4 月离开肯塔基州曼彻斯特的联邦监狱,如何来到了格林维尔市并购买了武器和弹药,以及他如何前往南卡罗来纳州的查尔斯顿,并于 5 月 17 日抵达,就在亚当斯鲁恩枪击案的前一天。证词描述了里德如何在 5 月 17 日晚上联系了拉斐特夫人,如何在一家购物中心附近露宿,如何在 5 月 18 日去了拉斐特家,见到了拉斐特夫妇并开枪射杀了他们,然后开着他们的车离开现场,驾车来到了附近的一条被称为斯科特怀特路的泥泞小道。根据证词,他在那里弃车离去,并扔掉了枪和弹壳。证词的结尾是,里德在第二天早上被捕。除了这份证词,还有一份标签为“事件报告”的文件,这份文件也是由黑尔警探手写的。报告记述了 1994 年 5 月 18 日晚上的情况,并描述了黑尔是如何通过无线电得知查尔斯顿的亚当斯鲁恩发生了枪击事件,然后他被派去了当地大学的医院。报告还记录了第二天的情况,被告詹姆斯·厄尔·里德接受了警探黑尔和考克斯姆的讯问。第三页记录了几天后处理的一些与案件有关的行政事务。以下内容摘录自警探笔记中关于 1994 年 5 月 19 日的记录:

> 5-19-94
>
> 0950:讯问嫌疑人——口头给予米兰达警告——让嫌疑人(詹姆斯·里德)签署米兰达权利弃权书。S. 考克斯姆警探在场。
>
> I/O 离开房间,让考克斯姆警探和嫌疑人谈话
>
> 1100 考克斯姆警探告知 I/O,嫌疑人已承认向两名受害者开枪,并会向警方供认他把枪扔进了树林的哪个位置

1130 带嫌疑人离开总部

1200 到达 162 号高速路，靠近托尔斯路——在树林中搜寻枪支。

标志物——白色栅栏、深色栅栏、车道附近的白色岩石、公路上的树桩——位于托尔斯路以东的 I62 号高速路。

协助搜寻——菲尔茨警探、蒂特尔警探、Lt・斯莫克警探、德普・麦克米金警探、普雷斯内尔副警长还有考克斯姆警探

没有在树林里找到枪

继续行驶至斯科特怀特路——行至斯科特怀特路与托尔斯路交界的泥泞小道，嫌疑人弃车的位置

继续行驶至斯科特怀特路的急弯处——砾石堆——里德说他在急弯处把弹壳扔出了窗外。

没有找到弹壳。

根据黑尔警探的笔记，他和考克斯姆警探从早上 9 点 50 分开始讯问里德，嫌疑人在此时接受了告诫[1]（在美国，这一程序被称为“米兰达警告”）。在讯问过程中未指明的某一时间点，黑尔离开了讯问室，当他回来时，另一名警探考克斯姆告诉他，嫌疑人承认向受害者开枪，并将向警方指出武器被丢弃在何处。在语言学调查中，首要问题之一是所展示的文件与它们所要描述的事件之间的关系。探究这种关系的部分过程与时间线有关。在目前的情况下，我感兴趣的是这些事件记录是*什么时候*写的。这个问题很难弄清楚。记录中包含 5 月 23 日的条目，即讯问嫌疑人之后的第四天，因此可能是在那之后写的。时间顺序很重要，因为如果事件已经过去了好几天，这时才写笔记来记录事件，那么我们怎么能确定作者对这些事件的回忆是准确的呢？我注意到报告开始使用过去时，然后切换到历史现在时，然后又

继续使用过去时。你可以在上面的笔记摘录中看出这一点。这种时态的结合,让我觉得这些事件笔记是一种总结性的记述,这表明得到证词的几天后,作者才完成了这些事件笔记。无论如何,虽然我们无法确定撰写事件记录的确切时间,但可以确定是在 1994 年 6 月 15 日之前撰写的,警察局在这个日期给这份文件盖章,表示“已收到”。虽然这份报告名义上是由黑尔警探完成的,但我想知道黑尔在撰写报告的时候是否咨询过考克斯姆。我将在下文说明这些笔记和所谓的证词之间的关系。

在第 2 页第 1 段的“0950”标题下,报告称“I/O [黑尔警探] 离开了房间,让考克斯姆警探进去与嫌疑人谈话”。在“11:00”,报告称“考克斯姆告知 I/O [黑尔警探],嫌疑人承认射杀了两名受害者”。

既然这些是黑尔自己的笔记,我们似乎有理由怀疑,他为什么在自己的报告中以第三人称指代自己,即自称为“I/O”(意思是“调查人员”)。我认为这个短语可能来自另一份书面资料,而那份资料可能是考克斯姆的笔记,例如,“I/O 离开了房间”,“我告知 I/O……”如果这是真的,那么考克斯姆警探的笔记甚至有可能不是同一时期的。我之所以这么说,是因为如果考克斯姆的笔记是同一时期撰写的,他更有可能采用进行时或一般现在时(“I/O 离开房间”)。还有一点我认为也很奇怪,没有记录黑尔警探离开房间的确切时间,也没有记录他返回房间的时间。我们或许可以假设他是在上午 11 点回来的,因为就在那时考克斯姆警探告知黑尔,里德先生承认了罪行。因为这是一个重要的消息,他不太可能等一会儿才告诉黑尔,而且里德先生认罪的时候黑尔也不太可能在房间里,因为如果他在场的话,就不需要把这个消息告诉他了。

证词记录的时间顺序与报告略有不同。据证词记录,上午的讯问于上午 9 时 50 分开始,10 时 30 分结束,但报告显示,黑尔直到上午 11 点才得知里德已供认。既然据称结束讯问是为了寻找武器,那么讯问实际上是什么时候结束的,这是一个重要的问题。我们从黑尔的事件记录中能够看出,证词直到晚上才取得。

证词和事件记录之间有许多共同特征,这让我感到很担忧。黑尔的报告称,警探们在上午 11 点 30 分离开警察局去寻找武器,他们声称里德先生愿意协助他们搜寻。在证词中,我们了解到里德先生驾驶受害者的汽车离开了拉斐特的住所,前往 162 号高速公路,然后为了处理这辆汽车,他从那条路转向了斯科特怀特路。然后,他应该是跑进了树林,扔掉了武器,又回到了 162 号公路上,他应该看到一个树桩还有深色和白色的栅栏,然后回到 17 号高速公路,来到了 OK 便利店——一家入驻加油站的连锁食品便利店。

从报告中能看出,黑尔警探先是在树林里搜寻武器,那里有标志物——树桩、深色栅栏和白色的栅栏。有趣的是,在黑尔警探的笔记中,标志物的叙述顺序与证词中的顺序完全相反。详见表 15.1。

表 15.1　黑尔警探撰写的事件报告中叙述标志物的顺序与所谓的 J. E. 里德的证词中的顺序完全相反

黑尔警探撰写的事件报告中叙述标志物的顺序	里德的证词中提到标志物的顺序
1. 白色栅栏	7. ……在斯科特怀特路第一次左转弯时……(把弹壳)扔出了窗外
2. 深色栅栏	6. ……寻找合适的地方弃车……
3. 车道附近的白色~~砾石~~岩石	5. ……把枪丢在树林里
4. 高速路上的树桩 ……	4. ……跑到车行道上,看见了一个树桩

（续表）

5. 在树林里没有找到枪	3. 路的另一侧是一条车道，有白色的岩石
6. 行至斯科特怀特路的急弯处——寻找嫌疑人将车弃于何处……	2. ……附近有一个深色的木质栅栏
7. 行至斯科特怀特路的急弯处——砾石桩——里德称他在急弯处把弹壳扔出了窗外……	1. 稍远处有一个白色的栅栏

黑尔警探在他的报告中提到的标志物如下：

> ……白色的栅栏，深色的栅栏，车道附近的白色岩石……高速路对面的树桩。

在詹姆斯·厄尔·里德的证词中，标志物如下：

> ……树桩，车道附近有大块的白色岩石，深色栅栏，白色栅栏。

我们可以看出，以上两个版本的顺序是相反的。

因此，很明显，有可能是证词参考了报告，也有可能是报告参考了证词，因为这么多标志物之间的顺序竟然完全相反，这似乎不是巧合。与这一发现有关的问题有两个：其一是为什么？其二是如何形成了这种现象？

“为什么”这个问题与原因有关，“如何”这个问题与顺序的形成方法有关。黑尔负责撰写自己的笔记，同时他也负责撰写证词。他有可能在事件发生时在调查现场做了笔记，然后写证词的时候只是简单地颠倒了顺序，也有可能是他撰写笔记的时候参考了证词。考虑到调查报告很可能是在里德先生被逮捕和监禁几天后才写的，因此他更有可能是参考了这份证词来撰写他的报告。如果这是真的，那么这就意味着他自己的笔记是不完整的,因为他需要参考证词来获得事件的"正确"版本。但这是为什么呢？当然,这种准确度是没有必要的吗？在他的报告中,只要说"去了嫌疑人提到的162号高速公路附近林区的地标"就足够了。这种精确程度,在证词的其他地方也很明显,与日常用语相比,更具警察*用语*("警察用语"的定义见下文)的特色。在我看来,证词与黑尔的调查报告之间的这种巧合程度让我们有理由怀疑这份报告或这份证词,或是对两者都产生怀疑。事件和地标的顺序完全相反,在我看来,这一事实有力地证明了,黑尔警探试图掩饰自己在撰写其中一份文件时复制了另一份文件的内容。学生们抄袭互联网上或其他来源的内容时经常使用这种手段,来掩盖他们抄袭的事实。上述事实应该由法院来进行判定,并且应该由法院来查明究竟是什么原因促使黑尔警探在撰写案件文件时采取了如此不同寻常的程序。为了推进调查程序,可以对原始文件进行ESDA检验,任何设备齐全的司法实验室都可以进行这种检验。这一检验应当涵盖黑尔警探持有的所有其他笔记和考克斯姆警探持有的所有笔记,以及由其他工作人员保管的、警察总局的所有拘留记录。

我认为,关于标志物的记录顺序相反这件事,有一种可能的解释,那就是黑尔和考克斯姆打算从证词的解释部分的结尾处着手开始搜查,也就是所谓的嫌疑人丢弃武器的地点。可以说警探们从那一点入手,进行逆向溯源。这种说法具有一定程度的合理性(尽管事件顺序完全相反推导出丢弃武器这件事并不可信),但它仍然不能解释为什么标志物的顺序是相反的。无论如何,这份证词直到晚上才被撰写出来。因此,除非我们能获得警探访问调查现场的更详细的同时期笔记,否则我们不太可能确切地知道上述的相反顺序是如何产生的。我们可以将有关这两个文件的未决问题总结如下:报告的撰写与事件的发生间隔了多长时间？报告在多大限度上依赖于黑尔警探的记忆？它在多大限度上依赖于考克斯姆侦探的记忆？报告在多大限度上依赖于嫌疑人证词里的内容？

我在上文提到了“警察用语”。在警方的声明中，警察有时会用所谓的“警察话”或“警察用语”来报告嫌疑人的话语，这是一种机构或官方使用的语言，不同于大多数人使用的日常语言。因为这一点常常导致有关证词内容的争议，所以美国的许多警察部门现在都采取两种做法，对嫌疑人的讯问过程进行录音，或者要求嫌疑人和证人自己手写证词。值得注意的是，由于警察工作的性质，警察用语具有许多不同于日常语言的特点。警察用语的主要要求是高效、简洁。因此产生了固定短语和密集措辞，以一种客观的、官方的风格精确地呈现时间、地点和顺序，对物体进行精确描述。本案的证词呈现出了一些上述特点，详见表 15.2。

本案的证词(本篇末尾附有证词副本)对有关拉斐特夫妇枪击案的指控事件进行了看似比较连贯的叙述。但从该证词的用语能够看出，至少部分内容不太可能是普通发言者的原话，有几处例子体现出很明显的警察用语特色。令人不安的是，有一些例子体现出撰写人试图提高技术、事实或语言方面的精确性。在下文中，我将给出里德先生自己的书面语言样例，从中可以看出，里德先生肯定不具备出色的语言能力。

在审讯中，黑尔警探称他根据里德先生的口头陈述撰写了这份证词。这是完全正常的程序，但该程序确实引出了一个问题，其中有多少内容可能是来自里德的，又有多少内容可能是来自警探的。我们可以理性地问问自己：“*根据*是什么意思?”上述那些警察用语的例子表明，证词的大量措辞可能源于警探，而非里德先生。

我没有里德先生的口语样例，因此，我将用他的书面语言来阐明他表达自己的方式。在这个过程中，要时刻提醒自己证词的语言和里德先生的信件之间存在以下差异：

i. 两者之间存在 11 年的时间差，这说明里德的语言可能会发生很大变化，尤其考虑到他在提供证词后经历了很长时间的监禁。

ii. 警方声明和信件是完全不同的文本类型。警方声明通常是为了协助法院而撰写的官方公文，而信件则是个人交流的文本。

iii. 信件涉及的话题与证词涉及的话题具有不同的性质。证词涉及拉斐特夫妇的死亡事件，而信件的话题主要是里德向厄普顿提出他决心要证明自己的清白。

表 15.2　证词语言的样例

样例	注释
一支银色的有点生锈的 9 毫米半自动手枪	这是一个很长的名词性短语，包含一个复合形容词（“银色的”）、一个限定语（“有点”）、一个限定性评估形容词（“生锈的”）、对口径的精确描述（“9 毫米”）、另一个复合形容词（“半自动”），以及一个名词（“手枪”）。 大部分普通的说话人不太可能用这种方式措辞。原话可能是几个短句。这也有可能是一位熟悉枪械的专业人士给出的技术描述，比如警察。请特别注意“9 毫米”和“手枪”这两个词
1994 年 5 月 17 日，大约晚上 6 点 30 分，我到达了查尔斯顿	说话人的原话可能是“前天晚上”，或者类似的表达

(续表)

样例	注释
我在马自达经销店对面的17号高速路上的OK便利店打电话给芭芭拉。另外,旁边就是BP加油站	普通的说话人不太可能用一句话描述出如此详细的位置信息,尤其是在他不熟悉该地区的情况下
我落下了我的尼龙手提袋	这不太可能是原话,尤其是“尼龙”这个词
个人物品	听起来像是官方语言,即警察局、医院等使用的语言
芭芭拉和约瑟夫开着他们的**小型的两门红色轿车**回来了	这是一个名词性短语,包含多个形容词和形容短语。听上去像是官方的描述。结合当时情况,嫌疑人或者任何普通的说话人会记得那辆轿车有“两个”门吗?词序(“红色”的位置)也很不寻常
枪的套筒闭锁了	听起来像是熟悉枪械的人
我从地板上捡起弹壳……我把弹壳装进**右侧前口袋**	这一个短语描述出来的信息过于精准详细
我开车路过了**四名黑人男性**	数字方面听起来十分精确,而且“男性”这个词像是警察的描述
我从**右侧前口袋**拿出了**9毫米**的弹壳	我们已经知道弹壳是9毫米的了,此处没有必要给出这个信息。这里看上去像是刻意建立起嫌疑人和弹壳之间的联系。此外,“右侧前口袋”这个信息也是不必要的,原因同上。在这种语境中,“口袋”就足够了
我然后跑到了路上,**看到了一个树桩。路的另一边是一条车道,有巨大的白色岩石,附近有一个深色的木质栅栏。稍远处是一个白色的木质栅栏**	对场景的描述十分详细,原始说话人不太可能记得住这么多细节。另外,注意一下“然后”的位置,语言学家经常把这种语序当作警察用语的特征

综合考虑上述问题,以上所有因素都会导致两种文本类型

之间一定程度的差异，我接下来会分析里德先生语言的主要特征，涉及他的语言能力水平，在审判时，他的智商由心理学家测定为77，在正常水平边缘。从里德先生的书面语能够看出，他的语言能力水平很低。他似乎并不是很清楚形容词、名词以及其他词类的使用存在何种区别；他的许多句子都是乱七八糟的，几乎没有标点符号。示例如下：

> THE TRUTH
>
> A INNOCENCE MAN A INNOCENCE LADY TELL THEIR POLICE DETECTIVE INVESTIGATOR THE TRUTH THAT THEY ARE INNOCENCE YET THAT INNOCENCE MAN THAT INNOCENCE LADY NOW GO TO JAIL WERE THEY AWAIT A PUBLIC DEFENDER WHO FROM THE VARIOUS STEREOTYPES PUT UPON VARIOUS CRIMES MEET YOU THINKING YOU ARE GUILTY YET I HAVE TO LISTEN WERE THE INNOCENCE MAN OR LADY DONT KNOW ANY BETTER THEY TRUST THE PUBLIC DEFENDER WHILE AWAITING TRIAL THAN COME TRIAL THE PUBLIC DEFENDER PUT ON A SHOW IN COURT DOING HIS OR HER JOB WERE THE INNOCENCE MAN OR LADY DONT KNOW ANYTHING ESLE YET THEIR LAWYER MAKE THEM LOOK AND SOUND GUILTY THAN THAT INNOCENCE MAN OR LADY NOW GO TO PRISON NOW GO TO DEATH ROW
>
> WAKE UP

【译文】

真相

一个清白男人一个清白女人告诉他们的警察侦探调查员真相他们是清白的但那个清白男人那个清白女人现在要进监狱了如果他们等待一个公设辩护人从各种各样的刻板印象出发列出你的各种罪行认定你有罪但我必须听的是清白男人或女人只知道这么多他们信任公设辩护人等着庭审的到来公设辩护人在法庭上演出一番完成他或她的任务清白男人或女人不知道其他事情然而律师让他们看起来听起来都有罪然后那个清白男人或女人现在进了监狱等待死刑

醒醒吧

从上面的摘录中我们可以看出,里德先生的书面语言非常令人震惊。我来说说那些下面划了线的词。“listen”这个词的功能不明确。他的意思是“你必须听”,还是“我必须陈述(给你听)”?“were”的含义不明确。这里是不是拼写错误,本意想表达“where”之类的词?还要注意他把“innocence(清白)”这个词当作形容词来用。许多情况下,我们不确定一个句子在哪里结束,另一个句子从哪里开始,例如,“Yet I have to listen were the innocence man or lady dont know any better they trust the public defender while awaiting trial(但我必须听的是清白男人或女人只知道这么多他们信任公设辩护人等着庭审的到来)”,这句话只使用了5个从句连词(3个“yet”,2个“than”),进一步增加了解释的难度。这种语言风格极具重复性,在上文摘录的123个词中,“innocence”这个词使用了至少8次。凭借多年来分析了许多文本的经验,我认为如果长度为100个词的文本中,有一个单词出现了超过两次,那么大多数读者就会认为它是重复的。摘录文本的词汇密度只有51%,对于如此短的文本来说,这个密度很低。但对于这种长度的摘录,而且是源自于书面语言的文本,我认为其词汇密度至少为 60%。证词中与之类似的一个摘录的词汇密度是 57%,我认为,这一词汇密度高于通常情况下源于口头语言的文本的词汇密度,由此可以看出(我的观点),证词里的这段摘录不仅基于口头语言,还基于书面语言。

从上文的例子中我们可以看出,里德先生的语言十分强烈,且具有重复性。而且他的语言是模棱两可的。在语法层面上,里德的语言甚至不具备基本的沟通功能,把沉重的解读负担留给了读者。因此,可以说里德不能流畅地使用语言,这可能呼应了心理学家对里德的评价——他的智力水平不高。与书写信件的语言相反,证词的语言反映出流畅的表达水平,不仅能够充分地表达自己的观点,还能够,例如,进行具有比较复杂和繁长的连贯叙述。造成差异的原因有可能是因为里德先生被监禁的时间太长,也有可能是因为警探对里德先生所述内容进行了有技巧的解读。然而,我仍然认为差异存在的原因是黑尔有可能必须从简短的回答中解读出发生了什么事情,而这些回答的长度通常不超过几个单词。

按照黑尔的说法,证词的记录于 16 时 30 分开始,于 19 时 50 分完成。因此,一份长度为 1500 个词的证词花费了大约 200 分钟,平均每分钟记录了 7 个词。大多数有记录被告和证人证词经验的人平均每分钟记录约 25 个词。我认为,根据报告的说法,本案证词的记录速度较慢,这进一步说明该证词的语言很可能来源于问答环节。考虑到调查报告和证词中关于从拉斐特家开车到所谓的丢弃武器的地方,这一部分的顺序正好相反,黑尔警探借助自己的笔记来撰写这一部分证词(这部分事件涉及带领警探找到所谓的丢弃武器的地方),这种说法似乎是合理的。

我认为证词中声称是里德先生所述的内容,有很多都不是他所说的。例如,他把武器描述为“银色的有点生锈的9毫米半自动手枪”,这似乎不太可信。对于里德这样表达能力较差的人来说,这个短语的词汇密度太大,专业性太高,不像是他能说出来的,类似的还有“枪的套筒闭锁了”。另外一些短语只是太过详细,或者提供了不必要的信息,例如“尼龙手提袋”。还有一些短语,例如“个人物品”,则体现出了较多的官方语言特征。关于车的细节,一辆“小型的两门红色轿车”,这不仅不太可能是里德先生所说的话,而且这个短句还包含了过多的评论元素。用于形容约瑟夫·拉斐特的“nonchalant(漠然)”,我认为这个词不在里德先生的词汇能力之内。我发现,证词称他把弹壳放在“右侧前口袋”这个细节不太可信。和上文的例子一样,这个短语不仅非常精确,而且词汇密度特别大。它所包含的细节,大多数人根本不会说出来,甚至不会记得这种细节。然而,最令人难以置信的细节是对地标的描述。如果里德先生准备在那个区域扔掉手枪,那他为什么会如此详细地记得那个区域周围的标志物呢?这与之前明确表达过的说法相反,即里德先生并没有把枪藏起来,而是扔在了身后——这表明他并不在乎枪在哪里。这一段证词是这样的,“我然后跑到了路上,看到了一个树桩。路的另一边是一条车道,有巨大的白色岩石,附近有一个深色的木质栅栏。稍远处是一个白色的木质栅栏。”能作出这种水平的叙述,必定是习惯注意细节的人,而不是一个智力明显低下的普通人。还要注意“I *then* ran out(我然后跑了出去)”中“*then*”这个单词的位置。它位于主语之后,并没有采用更常见的形式——“Then I ran out”。这是典型的警察用语,是警察进行交流时采用的语言,许多语言学家都已经指出了这一点(见奥尔森,2004[2])。

证词似乎还包含至少一项事实错误。证词引用了拉斐特夫人的话,她问里德先生为什么不开卡车了。里德表示,他从未从事过卡车司机的职业,他的律师也表示,没有证据能够证明他从事过卡车司机的职业。我还发现有一点不太可信,如果一个人不是南卡罗来纳州的本地居民,并且不太熟悉这个地区,那他怎么能如此详细地描述出那么多位置,包括地点、道路、商店和其他设施的名称以及该州的公路系统。其中许多描述能够体现出此人对该地区的地理环境很熟悉,而里德在该州仅停留了短短的时间,根本不可能知道这么多。位置和地点的名称精确到如此程度,这也是警察用语的一个特点,因为警察出于职业要求,要留心洞察这些方面。再者说,里德先生的智力和语言能力有限,更不可能像证词中那样精确地回忆起地点、名字和路线。

基于上述原因,以及前文提到的关于调查报告的出处问题(基于叙述顺序相反这一有些奇怪的现象),我认为,对于本报告中指出的未决问题,如果警探无法给出合理的解释,那就很难避免得出这样的结论:证词的内容几乎全部都不是里德先生所述,而且该证词很有可能是捏造出来的。甚至就在我写这篇文章时,里德先生还坐在死囚牢房里等待消息,想知道他能否对判决提出上诉。我认为他有充分的上诉理由。[3]

詹姆斯·厄尔·里德的证词(由黑尔警探撰写)

1994 年 5 月 16 日,星期一,我在南卡罗来纳州的格林维尔。4 月 22 日,我从肯塔基州,曼彻斯特的联邦监狱中出狱。我乘大巴车,搭顺风车,一路来到格林维尔。我对格林维尔不太熟悉,但我四处打听,最后到了镇上的一个贫民区,从格林维尔的一个黑人那里买了把枪。我花了 45 美元买了这把枪,它是一把银色的有点生锈的 9 毫米半自动手枪。我不记得牌子了,但那是把很重的枪。弹匣里有 9 发子弹,我买了10发子弹。弹头是实心尖型。星期一晚上我搭便车去查尔斯顿,我在星期一晚上、星期二早上和星期二下午分别搭了不同的车。1994年5月17日下午6点30分左右,我来到查尔斯顿。我到镇上后,给住在亚当斯鲁恩的芭芭拉·拉斐特打了个电话。芭芭拉是劳丽·坎伯伦的母亲,劳丽是我的前女友。我和芭芭拉聊得很好,聊了大约10到15分钟,我告诉她我出狱了,我会找个时间去看看她。我在马自达经销店对面的17号高速路上的OK便利店打电话给芭芭拉。另外,旁边就是BP加油站。周二晚上,我在OK便利店附近待了一会儿,然后我走到城堡商场,在商场里逛了大约2个小时。然后我走到了购物中心,那里有一家前进汽车零部件公司,最后我回到了OK便利店。

星期二晚上,我睡在OK便利店后面的树林里。1994年5月18日,星期三早上,我把我的尼龙手提袋(里面装了一些个人物品)和夹克落在了OK便利店后面的树林里。星期三,我搭便车去亚当斯鲁恩。我搭了两次车,大约下午1点到达那里,但我不知道当时究竟是几点,因为我没有手表。我直接去了拉斐特家。我敲了敲前门,但没有人在家。我把约瑟夫的外衣从晾衣绳上取下来,在房子后面的树林里等着。我来到他们的家是想与芭芭拉和约瑟夫谈谈我在监狱里服刑两年半所感受到的愤怒和伤害。我等了几个小时,然后芭芭拉和约瑟夫开着他们的小型的两门红色轿车回来了,开车的是芭芭拉。她见到我时非常惊讶。约瑟夫看见我时很漠然,他和我握了握手,然后去喂狗了。芭芭拉打开门邀请我进去,她问我要不要喝点什么,我说不要。我们回到客厅,芭芭拉打开了电视。芭芭拉坐在沙发上,我坐在她右边的椅子上。芭芭拉告诉我，她的女儿（劳丽）再婚了，劳丽的儿子 J. R. 也很好，他（J. R.）现在应该 4 岁半了。我和芭芭拉聊了 20 到 30 分钟。芭芭拉问我为什么不开卡车了，我解释说，是因为她的女儿，劳丽。我就站在电视柜附近。我告诉芭芭拉，我想向她和约瑟夫诉说，我在监狱里度过两年半之后是多么的愤怒。我告诉芭芭拉我不想闲聊，我叫约瑟夫进屋来；他当时在浴室里，他告诉我他马上就来。就在那时，我掏出了枪。我站在离芭芭拉六七英尺远的地方，面对着她。我右手拿枪指着芭芭拉。枪里有 10 发子弹，弹匣里有 9 发，枪膛里有 1 发。手枪的击锤被扳了起来，我觉得枪左侧的保险杆可能断了。我对芭芭拉说"能不能看出我有多生气"，还用枪指着她。芭芭拉惊慌失措地说了些什么，约瑟夫从浴室里走了出来。约瑟夫说："詹姆斯，你在做什么？"然后他用右手来打我的枪。我的手指在扳机上。枪响了，一发子弹击中了芭芭拉。我不知道芭芭拉的哪个部位是先被击中的，但是枪一直响着，子弹打在芭芭拉身上，她浑身发抖，就像痉挛一样。

约瑟夫跑回浴室，我朝他开枪。他从浴室出来，好像要朝我冲过来，我又朝他开了一枪。突然，约瑟夫倒在走廊的地板上，枪的套筒闭锁了，子弹用完了。我把地上的弹壳捡起来，因为我很恐慌，不想留下证据让警察找到我。我把弹壳装进右侧前口袋。我跑进厨房，把芭芭拉钱包里的东西倒在餐桌上，拿走了芭芭拉的车钥匙。我离开房子的时候，芭芭拉还坐在沙发上。她瘫在那里，眼睛睁着，却一动不动。约瑟夫躺在走廊里，身体蜷缩得像胎儿一样，他的肌肉还在抽搐。我太害怕了，不敢打电话求助。我走到外面的树林里，拿了约瑟夫的外衣，然后我走到他们的车旁，把车开走了。我沿着劳里街开车，经过了四名黑人男性，把车停在他们旁边，我不认识他们。其中一个朝车这里走来，开始问我话。他大概三四十岁，中等肤色，身高大约 5 尺 6 寸至 5 尺 8 寸，中等身材。他问我那些枪声是怎么回事，我在拉斐特的车里干什么，等等。我开着车匆匆离开然后右转进入 I74 号高速路。我开车经过 I74 号高速公路上的小商店，离亚当斯鲁恩的邮局不远。一个十六七岁左右的男孩名叫卡哈嘉，他认出了我，想挥手叫我下来。我继续开着车，直接开上了 I64 号高速路，然后又开上了前往查尔斯顿方向的 I62 号高速路。我打算离开那里，开车去查尔斯顿市中心。我经过两辆开着蓝色警灯的警车，我决定把车处理掉。我在 I62 号高速公路上右转开到了斯科特怀特路。在斯科特怀特路上第一次左转时，我从右侧前口袋里拿出了 9 毫米的弹壳，把它扔到车窗外(乘客窗口)。我当时正在寻找合适的地方弃车，我向左转进了一条小路。我把车开到一个油布棚屋后面。我抓起约瑟夫的外套，拿着枪就往树林里跑去。我把钥匙留在车上。距离我大约 25 码的地方站着两到四个人，其中一个喊道："嘿，你要买东西吗?"(意思是买毒品)我跑进树林，只回答了一个"不"字。我穿过树林向 I62 号高速路的方向跑去，然后沿着 I62 号高速路回到查尔斯顿。我待在树林里，在那里我可以看到道路和车辆，但我希望离得够远，没人能看到我。穿过 I62 号高速公路之前，我把枪扔在了树林里。我没有把它藏起来，我只是把它扔在身后。我然后跑到了路上，看到了一个树桩。路的另一边是一条车道，有巨大的白色岩石，附近有一个深色的木质栅栏。稍远处是一个白色的木质栅栏。我搭顺风车回到马自达经销店附近的 17 号高速公路上的 OK 便利店。我从 OK 便利店后面拿了我的包和外套。我搭了另一辆车来到 I-26 号公路的蒙塔古出口。我穿过公路,走到入口匝道上,又搭上了一辆小货车,司机带我沿着州际公路开了 5 英里,来到另一个出口,那里有塔可钟餐厅、家得宝和凯玛特商店。然后我又搭了一辆车,在 I-26 公路上至少前进了 20 或 30 英里。最后我在 BP 加油站停了下来,走到入口匝道上,在树林里待了一夜。然后在周四早上 8 点 30 分左右,我被多彻斯特县的副警长逮捕了。我配合抓捕,没有反抗。证词结束。

——注释——

1. 在大多数司法管辖区,讯问嫌疑人之前给予告诫是标准做法。告诫的形式通常是:"你因涉嫌……而被捕。你有权保持沉默,但你所说的每一句话都可以在法庭上作为指控你的不利证据。你明白吗?"

2. J. Olsson, *Forensic Linguistics: An Introduction to Language, Crime and the Law*, Continuum, 2004.

3. 里德先生被判电椅死刑,于 2008 年 6 月 20 日行刑。因此,他是一名"供认者"。我认为,鉴于语言学证据表明他的思维能力不足,而且他还有精神病史,并且他在死囚牢房度过的 12 年不可避免地对他造成了摧残,因此他无能力作出供认决定。在他行刑日期的前一天,伊利诺伊州的一位法官在另一个案件中裁定,仅仅因为被告有能力接受审判并不意味着被告有能力代理自己,里德先生在 1996 年的审判中解雇律师后就是自己代理自己。这一裁决本应让最高法院的法官们重新考虑里德的案件,但事实并非如此。在里德先生的生命即将结束时,我和一个澳大利亚的朋友查尔斯·威洛克一直在与州长交涉,但我们没有成功。我们试图动员南卡罗来纳州的当地媒体,此举也失败了。与我交谈过的律师中,没有一个人认为詹姆斯·厄尔·里德的精神能力符合被处以死刑的条件,也没有人认为他罪该至死。私家侦探菲利普·厄普顿在詹姆斯生命的最后几年里,坚持不懈地为他争取权利,他告诉我,在詹姆斯被转到死刑牢房之前,关押他的死囚牢房的狱警们对他有着始终如一的仁慈和怜悯,留意着他的精神状态,见证着他为证明自身清白而付出的努力。

第三部分

16. 一场被“句号”戳穿的谋杀案

桑德拉·韦德尔有三个年幼的孩子，是一位很受欢迎的妈妈。她在当地社区里加入了许多志愿者组织，深受大家喜爱。作为一名高水平护士，她有着坚定的宗教信仰，并且待人十分和善。因此，当社区的人发现她有可能自杀了，都感到十分震惊。但是她真的是自杀吗？

看看下面这封短信，据说这封“遗书”是韦德尔太太留下的。它有什么不寻常之处呢？一般来说，我不会对读者提出这样的要求，但我建议读者在进一步阅读这封信之前，先试着抄写一遍。您或许会惊讶于自己的发现。

> Garry.
>
> I am typing this note, because I know that if I were to hand write it and leave it for you, then I know that you wouldn't read it.
>
> I am so sorry for all the hurt I have caused you garry. I never meant to hurt you or to cause you so much pain.
>
> I made a stupid mistake and I betrayed your trust, and I betrayed my family at the same time. I don't know what made me do what I did. I wish the whole thing had never happened. It all got out of hand. I have ended up with nothing.

You are kind to want to forgive me. I don't deserve your forgiveness.

When you think of me, just try and think of the happier times.

Sandra Jane Weddell

【译文】

加里。

我选择打印这封信,因为我知道,如果是手写的话,你是不会看的。

我很抱歉给你带来这么多伤害加里。我从没想过伤害你,或是给你带来如此深的痛苦。

我犯了一个愚蠢的错误,辜负了你的信任,同时也背叛了我们的家庭。我不知道自己为何这么做。我希望一切都不曾发生。事情却一发不可收拾。我注定一无所有。

你太善良了,想要原谅我。我不配你的原谅。

以后你想起我时,尽量只回忆那些快乐时光吧。

桑德拉·简·韦德尔

2007 年 1 月的最后一天,在距离伦敦不远的贝德福德郡郊区,警督加里·韦德尔敲开了邻居的门,请求他们帮忙寻找自己的妻子桑德拉。他告诉邻居他的妻子前一天就失踪了。没过多久,他们在韦德尔家的车库里发现了桑德拉的尸体。显然,桑德拉死于窒息,她的颈部缠绕着一根尼龙扎带,尸体旁边放着一张 A4 打印纸,也就是上文提到的遗书。在调查全国谋杀案类型的记录时,警察发现,此前发生的与尼龙扎带有关的所有死亡案件都是谋杀案,没有自杀案。从这一点不能得出确定的结论,但是考虑到发现尸体时的种种情况,警察起了疑心。

“遗书”的候选作者有两名，即桑德拉·韦德尔和她的丈夫加里·韦德尔。几年前，我曾帮助贝德福德郡警方调查过一起可疑的死亡案件，所以当他们发现桑德拉太太的尸体后，便邀请我去看一看那封所谓的遗书。

起初，我对遗书的内容作了一些主观判断。正如读者看到的，上面列出的那封信，其语言没有什么不寻常之处，但应我要求抄写过一遍遗书的细心读者可能会注意到，这封遗书的开头称呼仅仅是“加里”两个字，后面跟的是句号。这个细节太“不起眼”了，有些人可能没有注意到。总之，这个句号显然是非常重要的，其中缘由我在下文中将一一道来。

还有一点读者可能也注意到了，那就是遗书的落款“桑德拉·简·韦德尔”打在了页面的中间位置。试问有多少人在抄写这封遗书时会把落款写在这个位置？人们在写信或者打印信件的时候通常会把落款写在左边空白处，正如抄写这封遗书的读者一样。

说到这里，我们需要了解一下语言学的分支——*语用学*。语言学家使用“语用学”一词来描述说话者如何表达含义，在某些情况下，语言学家的解读可能会超出说话者的表达范围，但一般来说，语用学就是用语言来表达某种含义。在18世纪，妻子给丈夫写信时，通常会以自己的全名落款，但现在，这种情况却是极为少见。为什么死者不写自己的名字“桑德拉”呢？难道她的丈夫看到遗书会想“究竟是哪个桑德拉给我写了这封信”？

*规范性*这个词在这里也用得着。在语言方面，这个词意味着“正规”语言或“正确”语言，即遵守所有语法规则或者*规范*的语言。我们能够看出，上面列出来的信除了有一两处小毛病之外，总体来说是遵守传统语法规范的。如果不是吹毛求疵的话，整封信可以说是没有任何语法错误。信中的瑕疵包括，*garry*

(*加里*)一词的首字母没有大写,而且 garry 一词前面没有逗号。除此之外,这封信完全符合语法规范。不过,这些小疏忽可能仅仅是作者匆忙之间造成的,而不是不了解正确的格式。因此,撇开这几点小疏忽不说,我相信读者也赞同这封信是符合规范语法的。

虽然这一点看似不那么重要,但事实上这种情况却比我们想象的少见得多。我经常收到人们写的各种信件,根据我的经验,许多信件的语法并不规范。现如今,人们更加注重沟通的效能,而不是语法规范与否,因而很多人并不擅长拼写和标点符号的使用,等等。

还有一些人指出了一个奇怪的点——这封遗书是打印出来的而不是手写的。遗书已经给出了明确的解释:“我选择打印这封信,因为我知道,如果是手写的话,你是不会看的。”打字或手写是否涉及行为动机,这是一个心理学问题,超出了语言学家的研究范畴。不过,书信的产生形式却是一个语言学问题,原因在于我们所说的模式。从严格意义上来说,模式指的是语言的表现形式,包括讲话、书写、口述笔录,等等。讲话也分为几种模式:闲聊时说的话、老师上课所用的语言、大学讲座、新闻播报——最后这种模式的讲话是为了大声朗读而事先撰写出来的。同样,书面语言的产生方式也有好几种。我们可以用钢笔或铅笔手写,可以用打字机打字,还可以使用文字处理软件,等等。作为一名司法语言学家,我注意到,当书面语言产生的媒介发生变化时(例如,从手写的方式变成用文字处理软件撰写),作者的写作风格往往也会发生一些微小变化。在一次案件调查中,我发现一系列的涉案书信在语言上有一些变化,但我却无法解释个中原因。后来,参与那次案件调查的计算机取证专家告诉我,那些信有的是在笔记本电脑上打出来的,有的是在办公室的台式电脑上打出来的。用过这两种电脑的人都知道,笔记本电脑不如传统的台式电脑好用,笔记本电脑的键盘更小,屏幕也更小,而且通常还没有鼠标。这些媒介或模式的变化会导致语言风格出现微小变化。鉴于本案涉及的信件比较私人化,用不了两分钟就能写出来,而且考虑到信里解释了没有手写的原因,我认为,确认作者身份时,需要考虑到模式这一因素。

仔细研究过这封遗书的内容后,我认为可能性最高的候选作者是桑德拉·韦德尔和她的丈夫——警督加里·韦德尔。韦德尔太太是附近一家医院的主任护士,同时在当地考试中心兼任监考员。2007 年 1 月 30 日上午,她曾前往当地一所学校监考,然后回家吃了午饭,她本应于下午两点左右回到学校,然后在下午四点左右去另一所学校接孩子放学回家。然而,韦德尔太太下午并没有返回学校监考,也没有去孩子的学校接孩子放学。学校给她正在上班的丈夫打了电话,然后韦德尔先生去接了孩子。直到第二天,韦德尔太太的尸体才被发现。

在许多司法案件中,候选作者的语言样例都很少。例如在一起绑架案中,可能只有一两封信供我们研究。这是因为有犯罪意图的人通常会比较谨慎,尽可能避免留下文字痕迹。然而在本案中,关于两名候选作者的语言,我们掌握了大量的样例。加里·韦德尔在他的妻子过世后不久写了一封信,信的部分内容如下:

> Please don't send any more letters to any of my family members. They are all just as grief stricken as i am over this matter. We are meeting up regularly to allow me to get what i need to get off my chest. Family support is the best therapy at this time. I have that support in place.

【译文】

请不要再给我家人寄信。他们和我一样悲痛。我们会时常见面,这让我能舒缓郁结在心中的伤痛。现在这种时候,家人的支持就是我的良药。我需要他们。

一看到这封信,我立马就注意到了语言的简洁度。这封信中,每句话的平均长度不超过 9 个词,而“遗书”中的句子长度也并不是很长——没有超过 12 个词。这种模式常见于韦德尔先生写的信中,而桑德拉则习惯于写很长的句子。有一次,桑德拉给孩子的学校写了一封信,信的内容是学校在家长放学接孩子的安保方面存在的一次疏忽。她在信中写道:“不过,就在 1 月 18 日星期三,这个日期值得注意,弗雷德[1] 被阿巴思诺特先生接走了,他可从来都没有接过弗雷德放学,我也不知道是谁把弗雷德交给了阿巴思诺特先生以及为什么这么做。”这句话(为了保护个人隐私,此处更改了名字)超过了 40 个词。韦德尔太太经常会写这么长的句子。实际上,她有一次写了一句超过 130 个词的句子。她的平均句长几乎是她丈夫的两倍。此外,她还很喜欢用逗号、破折号和分号,她在信中大量使用了这些符号,而且比较随意,有时会出现一些语法错误。她习惯于把句子拼在一起,用一堆逗号来断句。

大众媒体上时不时会出现“语言指纹”这个概念。这个概念指的是,每个人在使用语言方面都有其独特性和可辨认性。不过,我们在考虑这个概念时需要十分谨慎。与“语言指纹”互补的是“个体差异”这个概念。什么因素会导致我们的写作风格产生差异呢?在上文中,我提到了模式,即语言产生的形式,我提到不同的语言产生形式(例如手写、用笔记本电脑或台式电脑打印,或是用粉笔在黑板上写)和环境可能会导致我们的用语风格发生变化。但是,除了模式之外,许多其他因素也会引致作者用语的差异。我先来解释一下这些导致用语差异的因素,然后再将这一差异问题与本案中的文本(死者桑德拉 · 韦德尔和她的丈夫加里 · 韦德尔的信)联系起来。

- 词汇:我们使用的词汇(vocabularies,也称为"lexicons")取决于我们的写作对象、交谈内容和交流环境。正式的书信用词十分精准,这类词汇通常不会出现在日常交流中。例如,当我们给熟悉的人写信时,我们的用词可能比较通俗,但是给陌生人写信时,用词则较为正式。报告可能会使用专业性词汇,而生日贺卡则会使用比较常见的词汇。
- 时间:两段对话发生的时间不同,很可能也会造成语言风格的变化。随着时间的推移,我们使用的词汇会发生变化,诸如句子长度、措辞等其他因素也会改变。两篇文本相隔的时间越长,我们越有可能发现其中的差异。
- 个人情况:个人情况的变化会导致用语风格变化,这些情况包括丧亲、换工作、结婚、生孩子等等。有些变化会对我们的写作方式产生巨大的影响——我指的不是笔迹的变化,不过笔迹也会受到影响。
- 文化变迁:虽然我们通常意识不到,但我们的文化却是每天都在变化。由于文化的变迁,新词出现,旧词消失,老一套的词组可能会不再流行,新的词组会不断涌现。手机短信的用语尤其能体现这一变化——例如,著名的缩略语"4u"(表示"for you")现在已经不像当时刚出现那般令人惊奇。手机短信用语在不断变化,所以我们能轻易地区分四五年前的短信和现在的短信。以前的年轻人在发短信时会把"know"打成"no",但现在的年轻人通常会用"na"来表示这个词,许多人用"dinna"来表示"dinner",而现在变成了"dina"。人们会经常省略不重要的字母,比如将"re-

member"写成"remeba"。甚至"texting(发短信)"这个词也从"txtn"变成了"txn",例如,"i ws txn u ls nyt"表示"I was texting you last night(我昨晚给你发了短信)"。

因此,如上文所述,有许多原因能够导致一个人的写作用语发生变化。将这些可能导致变化的原因综合起来,就是作者内变化(within author variation)。但是,不同作者的写作用语为何会不同呢?

如果两个人的生活背景相似、教育水平相当、来自于同一个地方、职业类型相仿,那么他们的写作用语之间可能不会存在很大差别。相反,如果两个人的社会背景截然不同,其中一个人教育水平很高而另一个人的教育水平有限,并且两个人来自不同的地方,两人的工作或职业的类型和水平也全然不同——那么他们的用语风格或许会存在很大差异。我们将这些不同的社会因素统称为作者间差异(inter-author variation)。

所以说,作者语言风格的差异有两大类:作者内变化和作者间差异。

语言指纹这个概念的难点在于:假设我们在调查中发现一名作者表现出许多作者内变化,而两名候选作者表现出的作者间差异很少,那么可想而知,要想发现两名候选作者之间的差异是非常困难的。

所以,这跟本案中所谓的遗书以及桑德拉·韦德尔和加里·韦德尔写的信有什么关系呢?

在本案中,确实存在一些因素导致了用语变化。例如,韦德尔夫妇二人写作的文本类型不尽相同,写作对象也非同一人。韦德尔先生的文本中有些是电子邮件,有些是报告风格的信,有些则是商业信函,还有一封写给亲戚的私人邮件。

韦德尔太太的写作对象和文本类型多种多样,但这些已知文本不包含韦德尔太太的私人化交流,所谓的自杀遗书是她仅有的私人化交流,这导致她的写作风格更加难以评价。

“风格融合”也是一个有趣的问题,人们时不时地会讨论这个问题。随着时间的推移,已婚夫妇会慢慢养成另一半的语言习惯吗?这一点很大程度上还是取决于他们在语言方面受到的早期影响:如果他们的年龄和背景相仿,那他们的语言风格也会有很大的相似性。不过,我还没有发现任何证据能够证明,婚后的夫妇在书面语言方面会越来越像彼此。随着时间的推移,已婚夫妇可能开始习惯使用对方常用的短语,或者养成其他类似的说话习惯,但这与书面用语风格的融合完全不是一码事。我研究了桑德拉的语言风格,虽然桑德拉和加里结婚数年,但没有证据证明她的写作风格和加里相似,或者加里的写作风格和她相似。

事实上,尽管上文提到了一些可能造成变化的因素,我们需要注意的是,桑德拉和加里的文本具有一些从未改变过的基本特征。无论桑德拉·韦德尔给谁写信,她的句子结构总是杂乱无章地串联在一起,就像我们上文看到的那样。同样的,无论是给谁写信,加里·韦德尔的句子都是简短精练的短句。就这一点来说,他就像一名典型的公司经理或高管——单刀直入,直截了当,不瞎扯,不跑题。

重点是,二人的这些特征贯穿了各自的所有信件:加里使用简短精练的短句,桑德拉使用杂乱无章的长句。无论何种交流类型都是如此,这就是我们的发现。

在我向警方报告我的发现后,他们也找到了其他证据,并在2007年6月逮捕了加里·韦德尔。

悲剧的是,韦德尔先生被保释了,并且被告知不得接近其亲戚居住的区域。然而,他似乎对一些亲戚怀恨在心,他射杀了自已的岳母特劳特·马克思菲尔德,随后开枪自杀。这是验尸官在2008年3月给出的检查结果。毋庸置疑,肯定是他杀死了自己的妻子,然后试图将其伪造成自杀。

关于遗书开头,“garry”后面的那个句号,还有一个有趣的细节。司法科学家需要检测遗书上的墨水,看看是否与韦德尔家的电脑连接的打印机使用的墨水一致。为了检测墨水,他们需要从遗书上提取一些墨水样本,而他们选择提取的竟然是——那个句号!幸运的是,他们事前给遗书拍了照,像素很清晰,但即便如此,有时我还是会猜想,如果这起案件开庭审理的话,被告的代理团队是否会利用这一点。

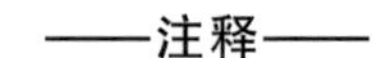

1. 真名已更改。

17. 一个乏味的恋童癖

警方经常会让我比较两组信或邮件，有些时候，我感觉非常为难，根本给不出什么建设性的意见——原因很简单，嫌疑犯的语言风格乍一看毫无特征可言。几年前就发生过这样的事，在当时那起案件中，一个商人被指控从网上下载儿童色情图片。这个商人五十多岁，接受过良好的教育，人也很聪明，在大众眼中，他这种人基本上不会犯错，但是人往往会做一些别人意想不到的事情。他犯的错误是，在某网站下载照片和图片后发现不合自己的口味，于是给提供色情作品的公司写了一封投诉信。

警方通常不会对外透露他们的线索来源，但我认为应该是被投诉的那家公司没有应投诉信的要求退钱，反而通知了警方(应该是匿名举报)，说索尔比先生曾下载过非法材料。几周后，警察一大早便去“拜访”了索尔比先生，并没收了他的电脑。警方在他的电脑里发现了违规图片以及一封投诉信副本。索尔比先生辩解说这些图片是他的一个朋友下载的，具体是哪个朋友他也不知道，还说这个朋友使用了他的信用卡来支付交易费用。当警方问到那封投诉信时，索尔比先生解释说显然是他的朋友意识到交易的事情最终会被识破，想着把钱退回自己的账户，惊慌之下才捏造了那封投诉信。警方让索尔比先生想一想可能是哪个“朋友”，他提到了当地的一个水管工，但这个人最近刚刚去世。水管工和索尔比先生确实相识，这一点没什么好说的。然而，警方通过询问发现，水管工的所有朋友或家人都不相信他会使用电脑,更别说收发电子邮件、网上交易、下载图片或者视频了。此外,根据水管工家人的回忆,他这个人不怎么写信,大家都觉得他顶多算是半个文盲。最终,警方拿到了水管工通信的文本样例,具体内容以及与本案相关的其他文本材料如下:

文本样本1:儿童色情案件中的第一封邮件(存疑文本)

I have spent some time this evening at your site and have not been able to access any material of the type that was used to advertise it. It was a bit like memory lane. Some of the material was lifted straight from 35mm films and videos that I watched 20 years ago. Seriously, though, it really was nothing like the preview and I have no wish to subscribe to this type of site. Please would you give me access to the type of material promised or cancel the charge to my card.

Incidentally, I had no trouble with the foto archive but what is one supposed to do with New CamsVideo and Erotic Show sections? I was unable to get anything from them.

【译文】

今晚,我花了点时间浏览了你们的网站,却没有找到你们广告中的那种内容。你们网站让人感到时光倒流。有些内容是直接从某些35毫米胶片电影和视频中直接搬过来的,我20年前就看过。不过,说实在的,网站上的内容跟预告内容真是截然不同,因此我没有意愿订阅你们这种网站。请你们向我提供你们承诺的那种内容,或者把钱退回到我的卡上。

顺便提一句,我对你们网站提供的照片存档没有什么意见,但是新摄像视频(New Camsvideo)和性爱秀(Erotic Show)版块有什么意义呢?我从中无法获得任何乐趣。

这封邮件是在索尔比先生家里的电脑上发现的,他当时说这封邮件是水管工写的。邮件展现出了不一般的语言能力,似乎与那个水管工的已知写作样本形成了一定的对比:

文本样本 2:水管工的已知通信实例

Dear Mr Brown, Please could you contact me as soon as possible as to my situation at the moment and why I am being keep here at the prison. And when will I be released as not knowing is worse of all. I hope to see you soon.

【译文】

亲爱的布朗先生,请麻烦您尽快联络我,考虑到我的处境以及为什么关在监狱。而且我啥时候能放出来也不知道,真是更倒霉透顶。希望能快点看到您。

上文这个样例出现了许多基本的规范性错误,例如,“being keep(关在监狱)”应该改为“being kept(被关进了监狱)”,另外,“And”一词前面不应该是以句号结尾的完整句子。此外,水管工还混淆了形容词的比较级和最高级,他把“worst(倒霉透顶)”写成了“worse(更倒霉透顶)”。因此,水管工似乎具有三种不同类型的语言缺陷:语法、标点符号和词汇。至少从表面来看,这篇文本不能与索尔比先生电脑上发现的邮件相提并论。另一方面,索尔比先生的语言能力水平更高,如以下文本所示:

文本样本3:商人的已知通信实例

On Tuesday 1 May 2001, my wife and I went out to dinner with my daughter and her partner. When I returned home, at about 01. 30 there were two messages on the answerphone. One was from the central station, that monitors the alarm at Greenlake Street, Smithville, informing me that the telephone connection to the premises had failed. The second was from my PA, Mrs Jones who is an alternate key holder at Greenlake Street, to the effect that she had been informed of the line failure, had attended the premises but found no indication of anything amiss. I returned the call to the monitoring station and learned that the probable cause was a line fault and that the incident had been 'policed' (log 101 timed at 22. 35) and that the police had attended and reported the premises to be secure.

【译文】

2001年5月1日星期二,我和我的太太带着女儿和女儿的对象出门用了晚餐。大约凌晨1点30分,我回到家,发现电话答录机上有两条讯息。第一条来自中央通讯站,该站监控着史密斯郡观湖街的警报器,他们通知我说上述经营场所的电话连接有问题。第二条讯息来自我的私人秘书琼斯女士,她有那边的备用钥匙,讯息的大概意思是她已经知道了线路故障的问题,而且去查看了经营场所,但没有发现任何异样。我给监控通讯站回了电话,得知原因可能

是线路故障，通讯站表示已经“向警察报备”了这一问题（101号记录，时间为22时35分），警察也前去进行了调查，并报告该场所目前安然无恙。

进行研究时，我从不同文本的标记性特征入手。索尔比先生的文本初看之下十分正式，有些部分甚至可以说是做作。然而，这仅仅是第一印象，具体情况需要进一步验证。从语言学角度研究标记性时，巴蒂斯泰拉(1996)曾经提出，某个结构体出现的相对频次是区分有标记和无标记的准确指标。换言之，结构体越罕见，其被标记的可能性就越大。有些标记形式纯粹是文体方面的，例如，结构体的过度重复。这种形式的标记性很难度量，只能产生有关作者身份的主观印象。就本案而言，我决定对上述三篇文本中的短语词组进行网络搜索和语料库调查，检测这些词组的使用频次。我在一个主流互联网搜索引擎上搜索了所有词组，然后使用牛津大学学者汇编的英国国家语料库(British National Corpus, BNC)重新检查了其中的一些词组。我还用另一个语料库——伯明翰大学学者汇编的柯林斯伯明翰大学国际语料库(Cobuild)——进一步核查了一些词组。

我发现，检索标记性实例的最好方法就是将文本打印出来，然后用下划线标注出尽可能多的词组。我的目标是：在每个长度为10个单词的文本中，挑选出大约一个长度为3到5个单词的词组。由于上下文的有限性，有些词组，尤其是含有专有名词以及具有特定或隐晦含义的引用的文本，不适用于此目的。要注意，不能仅选择那些看上去不寻常或具有标记性的词组，以避免样本偏差。

在挑选出词组后，我开始寻找这些词组口头或书面上的替代词组。通常情况下，我一次只会改变一种特点——同时努力保持文本语域不变，也就是说，如果原文本风格较为正式或有条理性,我会保证替代词组也能反映出原文本的风格。索尔比先生的已知文本示例请见表 17.1。在表 17.1 中,我们可以看到索尔比先生的信件中出现了这样一个词组,“……可能的原因是(the probable cause was)……”“cause”一词作为名词(表示原因)的用法相对较为少见,作为动词(表示导致)更为常见,上网搜一下“cause”在不同句子中的用法便一目了然。此外,副词“probably(很可能)”也比形容词“probable(可能的)”的使用频率更高。[1] 谷歌、柯林斯伯明翰大学国际语料库和英国国家语料库的查询结果也都证实了我的观点。因此,我们能从词组“可能的原因是”中发现两个标记项,与文本中的项目有关。我还找到了该词组的两个替代词组,其中,“probably caused by(可能由……导致)”这个词组是目前找到的最常见的用法。下一步就是检查每个词组及我能想到的替代词组的使用频次。在此重申,避免样本偏差的重点在于不要只挑选看起来具有标记性的词组。我通常会把收集的内容制作成表 17.2 的格式。

表 17.1 摘自索尔比先生的已知文本

文本中的词组	替代词组
the probable cause was (可能的原因是)	the cause was probably(原因可能是) probably caused by(可能由……导致) probably because(可能因为)

表 17.2 已知文本标记实例

词组	搜索引擎(全球)	搜索引擎(英国)	英国国家语料库(BNC)	标记
the one which(那个)	1150000	401000	244	
the one that(那个)	26000000	1150000	1030	无标记
the cause was probably(原因可能是)	505	1220	0	

（续表）

词组	搜索引擎（全球）	搜索引擎（英国）	英国国家语料库（BNC）	标记
the probable cause was（可能的原因是）	10800	373	1	标记
probably caused by（可能由……导致）	1070000	117000	1	
of anything amiss（任何异样的事情）	566	351	1	标记
of anything wrong（任何不对劲的事情）	28500	10500	1	

注：索尔比先生文本中的内容已用粗体标注。

我随后对水管工的已知文本进行了研究，发现其标记性结构体与规范性问题相关，主要是拼写方面的问题，也有语法方面的问题，例如，他把“being kept”写成了“being keep”，“worst”写成了“worse”。这种类型的错误也是标记项，并且可以使用语料库和搜索引擎进行量化（不过语料库汇编者通常会“清理”这类文本，因此降低了语料库中错误用语的出现频次）。从表 17.3 可以看出，水管工的文本没有标记性的词组。而从表 17.4 中我们可以看到，存疑文本含有一些标记性的词组。

表 17.3　水管工文本中的词组

词组	搜索引擎（全球）	搜索引擎（英国）	英国国家语料库（BNC）	标记
contact me（联络我）	66400000	1530000	180	无标记
get in touch with me（与我联系）	1020000	115000	1	
as to my situation（至于我的处境）	282000	7	0	无标记
about my situation（关于我的处境）	175000	9130	1	

（续表）

词组	搜索引擎（全球）	搜索引擎（英国）	英国国家语料库（BNC）	标记
on returning home（返回家）	155000	44600	1	无标记
on coming home（回家）	49200	3290	1	

表 17.4　存疑文本标记实例

词组	搜索引擎（全球）	搜索引擎（英国）	英国国家语料库（BNC）	标记
material of the type（类型素材）	93500	2790	0	标记
type of material（素材类型）	1180000	148000	1	
it really was nothing like（真是截然不同）	24600	2	0	标记
it was nothing like（截然不同）	170000	14600	1	
I have no wish to subscribe（我没有意愿订阅）	3	2	205[no wish to（没有意愿）]	标记
I do not wish to subscribe（我不想订阅）	18100	1910	255[do not wish to（不想）]	

注：作者文本中的内容已用粗体标注。

下一步，我需要将各种类型的标记整理成一张比较表，见表 17.5。从表 17.5 可以看出，上述三段文本（其中两段文本的作者已知，另一段文本的作者存疑）中标记词组的密度和无标记词组的密度基本相同。不过，第二名已知作者（水管工）的文本与商人的文本相比，其标记性结构体的类型完全不同。就标记类型和语域来看，索尔比先生的文本与存疑文本更为相似。另一方面，水管工的标记性问题在于其使用语言的能力。我在报告中得出结论，就两名候选作者而言，存疑邮件更有可能是商人写的,而不是那个水管工。简单地说,水管工算是半个文盲,而商人的受教育水平较高。他们两人的已知文本体现了这一点,与那个已过世的水管工相比,索尔比先生的文本风格与那封投诉信有着更高的相似度。将这份证据呈交给法庭的时候,商人承认了从网站下载并持有那些儿童色情图片。虽然他躲过了牢狱之灾,但被列入了性犯罪者名单,期限为10年。

表 17.5　标记的类型和密度

	词汇	语法	范畴	能力	密度
已知文本(商人)	“可能的(probable)”“原因(cause)”“异样(amiss)”“大概意思是(to the effect that)”	“报告经营场所目前(reported the premises to be)”[结构体]、“任何事情异样(anything amiss)”[词序]	名词化:“原因(cause)”“效果(effect)”		0.05
已知文本(水管工)				“关在监狱(being keep)”“更倒霉透顶(worse of all)”	0.04
存疑文本	“获得(access)”与“得到(get)”“取得(obtain)”对比	“没有办法获得(not able to access)”“被使用的(that was used)”[被动式]、“类型素材(material of the type)”	名词化:“意愿(wish)”		0.04

——注释——

1. “cause(原因)”一词经常同“probable(可能的)”一词搭配使用。

18. 检察官备忘录导致裁定结果为滥用程序

玛丽·史密斯[1] 说,当时她正驾车行驶在乔布罗夫镇的双向车道上,由于一时分神,她偏离了原来的轨迹,越过了双向车道的分界线。一名警察当时正开着巡逻车行驶在她的车后面,看到这个情况后便示意她停车。

这名警察认为史密斯女士的呼吸有酒精的味道,于是要求史密斯女士同他一起去巡逻车上接受酒精呼气测试。史密斯女士坐上巡逻车的后座,警察把呼气装置递给了她,但她尝试呼气几次都没能成功给出呼气样本。最后,警察逮捕了史密斯女士,并把她带到了乔布罗夫警察局。史密斯女士在警察局再次接受了酒精呼气测试,但这次使用的是警察局的型号为 Lion Intoxilyzer 6000 的酒精测试仪,然而史密斯女士还是没能给出呼气样本。警方称,他们尝试了几次,想要对史密斯女士进行酒精测试,但她很不配合。史密斯女士则表示,她之所以没能成功提供呼气样本,是因为她出现了换气过度的症状,而且整个人处于恐慌状态。

警察以未能提供呼气样本的罪名对史密斯女士提起了控告,这项罪名甚至比醉驾还要严重。

乔布罗夫治安法院受理了这起案件,由三名非法律专业治安法官负责审理。在英国,这种案件有时也会由一名地方法官(以前称为"领薪治安法官")进行审理。然而,负责审理这起案件的则是非法律专业治安法官。

检方的证据中有两份证词，分别来自两名试图对史密斯女士进行酒精呼气测试的警察。在庭审前，被告辩护律师注意到这两份警察证词十分相似，以下是两份证词的摘录：

> **摘录自证词 1**
>
> 我希望就这件事情进行说明，在我与 X 的接触中，她……没有提出任何关于呼吸的问题……也没有用任何非语言手势来表示这件事。在我看来，X 在全过程中没有任何恐慌发作或换气过度的情况。

> **摘录自证词 2**
>
> X 在我面前没有提出任何关于呼吸的问题，也没有用任何非语言手势来表示呼气问题……X 没有任何恐慌发作或是换气过度的情况。

辩护律师就两份证词的相似性询问了警察 A（第一名警察）。警察 A 表示，两份证词如此相似纯属巧合。被问及能否解释“这一巧合”时，警察 A 的回答是不能。被问及是否曾将自己的证词给警察 B（第二名警察）看过时，警察 A 说没有，并且警察 B 不可能看过他（警察 A）的证词。辩护律师不到黄河心不死，不断地盘问警察 A，想要得到一个令人满意的答案。最后，警察 A 说他只能想到一件事情或许与证词的相似性有关，那就是检察官曾给过他一份备忘录。辩护律师询问警察 A 所说的是什么备忘录，并指出被告方面没有看到过任何备忘录。这名辩护律师在此耍了一点小心机，因为检方的备忘录一般是不公开的。

警察 A 一再重申检察官给过自己一份备忘录。辩护律师便要求法庭让检方披露备忘录的内容。检察官表示自己不知道任何关于备忘录的事情。然后他似乎对面前的一堆文件进行了翻找,但显然没有找到任何备忘录。辩护律师提出要帮检察官找,但检察官拒绝了。法官认为证人(警察 A)肯定能轻易认出那张备忘录,便让警察 A 去找。站在证人席上的警察 A 接过检方的文件,并迅速找出了那份备忘录。随后,所有参加庭审的人员都拿到了这份备忘录的复印件。

据称,这份备忘录是检察官应被告方要求让披露信息的警察公开几项物品时对他提出的要求。列出的物品包括:呼气装置、史密斯女士被拘留期间警察写的所有笔记,以及至关重要的,要求警察针对史密斯女士进行的酒精呼气测试提供第 9 章证词(即证人证词)的指示文件。辩方律师就是针对这些证词对警察 A 进行盘问的,也是在这时第一次提及备忘录的存在。

然而,这份备忘录对被告及其法定代理人可谓是极尽贬损。事实上,它将收集证据的任务描述为“令人头疼”——算是对警方以及检方的妨害行为。

被告立即对这份备忘录提出异议,并要求暂时休庭,让专家来查看这份备忘录和两份警察证词。法官同意了休庭和邀请专家的要求。

于是这份备忘录及两份证词就到了我的手上。下面是备忘录的摘录部分:

摘录自检察官的备忘录

……附件是被告律师提供的一份被告案件陈述书复印件(都是没有意义的废话,妄想逃避法律的制裁),但我们还是要辛苦回复一下。

我需要警员史密斯和你的证词,证词里要说明这个女人没有任何恐慌发作或换气过度的情况。如果你能详细说明你具有进行酒精测试的资格，以及你进行过的这种测试的频率和次数，那就更好了。我想让你看起来是一名经验丰富的酒精测试人员。

至于你们有没有无理拒绝那名女士再次进行酒精测试或是提供血液样本的要求，我们法庭上再说。

我知道庭审过程很讨厌，但我担心这些律师为了能让他们的客户逃避法律的制裁，会无所不用其极……

分析了这些文件后，我的意见如下：

1. 这份备忘录看上去并不像是要求披露证物，而是要求警察按照检察官的指令披露证物，例如，备忘录里要求警察提供证词"说明史密斯女士没有任何换气过度或恐慌发作的情况"。我认为这不是一个客观公正的要求，而是一个让警察"说明史密斯女士没有任何换气过度的情况"的指令。同样的，备忘录提出让警察提供其操作酒精测试仪的详细经验，但我们也可以将其理解为一个指令。检察官说"我想让你看起来是一名经验丰富的[操作这种设备的]酒精测试人员"。然而，当检察官在写这份备忘录时，他不可能知道那名警察是否真的拥有丰富的经验。备忘录还提到了对医生检查结果的推断："能不能给我解释一下为什么叫医生来反驳被告的关于'恐慌发作或换气过度'的说法。"语言学家认为，这个问题带有一定意图：(i) 能不能给我解释一下为什么叫医生过来？(ii) 这句话含有一个带有目的性的动词不定式——"to"，这个动词不定式其实可以理解为"in order to (来实现某种目的)"。换句话说，经过适当语法分析后，这句话的实际意思是"能不能给我解释一下为什么叫医生(因为我想叫)来实现反驳被告……的目的"。从法律角度来看，检察官不应该把被告的辩词透露给警察，因为警察也是此案的证人。从语言学的角度而言，检察官其实是将自己打算如何应对被告的方法透露给了警察,但他的表达方式比较具有迷惑性且模棱两可,其目的可能是不引起警察的注意。

2. 检察官还在备忘录中提示警察,可能会被问到是否无理拒绝了被告想要再次提供呼气样本的要求。

3. 此外,检察官还向警察提供了一些被告披露的信息中不必要的信息。

4. 在备忘录的最后,检察官提到了被告和她的辩护团队,语气轻蔑,言辞侮辱,实际上是想让这名警察(必须再次提醒一下各位,这名警察是此案的证人之一)赞同他的观点。例如,他写道:"附件是被告律师提供的一份被告案件陈述书复印件(都是没有意义的废话,妄想逃避法律的制裁),但我们还是要辛苦回复一下。"这里有几点需要注意:(i) 检方一般不应该把被告的案件陈述书披露给证人,除非情况特殊。很遗憾,这名警察不仅是证人,还是负责披露证物的人员。很明显,这种做法不是很妥当。(ii) 从语言学角度来看,检方用了"we(我们)"这个包含性的词,等于是让警察站在自己这边,认同被告的陈述书是"没有意义的废话",同时让警察认为收集证据的任务是一种妨害行为。检察官除了给警察提供一些关于被告辩诉和证据的非必要信息,他还想让警察对被告产生敌意,并且预先提示警察,被告会如何进行辩护,从而让警察有机会修改他的证据。

后来,此案在乔布罗夫治安法庭重新开庭审理,列席法官没有变。法庭传唤我针对备忘录发表意见。我概述了报告中的内容,检方与辩方分别就报告内容对我进行了质询。由于检方没有反对语言学家出庭作证,所以事先没有对我作为证人的可采信度进行审查。

我对语言学方面的问题进行了解释,具体内容如下:

1. 对此备忘录进行的语言学分析是有理有据的,因为(i)不仅是我们说话的内容很重要,我们说话的语境也很关键。因此,如果检察官没有当着涉案人员的面,而是和同事(不是证人)私下聊天时大声嚷嚷道“被告的陈述书就是一堆废话”,且没有让涉案的任何一方听到,那是没有问题的。同样,如果检察官在质询被告时说“女士,你说的都是废话”或者对法官说“法官,在我看来,被告就是一派胡言”,那他也没错。但在此案中,检察官给证人写了一份备忘录,还用了“we”这个包含性的词汇,试图让证人赞同自己的观点。这就是第二个语言学方面的问题:通过使用“we”这个具有包含性的词,说话者能够拉近或疏远与说话对象的距离。在此案中,检察官和警察都需要按照法律来履行一定的职责。在这种情况下使用“we”这个词很恰当。但是,检察官越过了严格的职责界限,试图让证人站在他的立场,赞同他那贬损且有失偏颇的观点,关键是他的观点(就检察官的行为规范来看)带有强烈的感情色彩。检察官可以在庭审前接触证人,但他/她在此过程中必须不能带有感情色彩,特别是在提到被告的时候。检方不得因为在证人面前评论被告而影响整个案件的公正性。

2. 我还指出,检察官让警察提供证据的要求几乎算不上是一个要求,实际上是在命令警察以特定方式呈现证据。上文提到的“说明”句式,以及让警察看起来是“一名经验丰富的酒精测试人员”,也是命令。实际上,这名警察可能确实经验丰富,没人质疑这一点,但检察官的措辞应当更加谨慎,例如“你能向我提供一些你操作酒精测试仪的经验的相关信息吗?”或者更直白地说:“作为一名操作人员,你有何经验?”语言学家在法庭上指出,备忘录中“我想让你看起来是一名经验丰富的酒精测试人员”这句话相当于一个诱导性问题。很少有法官或治安法官会允许律师说这样的话:“某警官,说说你操作酒精测试仪的资质吧,我想让法庭上的各位知道你是一名经验丰富的操作人员。”

3. 值得一提的是，由于这名警察在“等级系统”中的级别较低，因此，尽管检察官用语轻蔑，警察迫于压力也不敢反驳他的观点，就比如初级员工听到老板说了种族歧视或性别歧视的笑话还得赔笑一样。总而言之，这名警察迫于压力不得不以一种特别的方式服从命令，因而没能本着公正客观的态度来提供证据。

4. 被告问到两份证词在用词和措辞上高度相似性是否能够说明这两份证词在某种意义上一定受到了备忘录的影响，证词中的某些短语和备忘录的完全一样，而且有些短语是一模一样的(其中一两个短语是很少见的短语)。我是这样回答的：我认为存在很高的相似度，然而此处的因果关系是法律层面上的，不是语言学层面上的，但两份证词在结构和用词方面都和备忘录相仿，因此我们有足够的理由相信备忘录的语言对证词的语言和结构产生了影响。

应当注意的是，提出“未能提供呼气样本”这个罪名的公诉人和写备忘录的检察官不是同一个人。

检察官提出了非常有趣的几点：

1. 他指出(以“你难道会不赞同……”的句式)，证词中之所以出现了许多相似的短语，是因为警察在说话和写作时常常会使用“行话”，也就是说，他们使用的是警察用语。

2. 他说，警察是非常勤奋的群体，因此警察在案件中既可以作为证人，也能够作为披露信息的人员，这一点非常合理。他表示，警察们对这类事情有自己看法，不一定会受到外部影响。

我认为他的论点很好，但我不完全赞同：

A. 的确，不同职业人群会使用某种行话或用语，特别是像警察这样高度制度化的职业群体。然而，这无法解释为什么证词和备忘录中的某些六个词以上的短语是一样的,其中一两个还是非常少见的词组,例如“非语言手势”。这名警察站在证人席上作证时没有提到过“非语言手势”,反倒是提到了“肢体语言”这个词。此外,两份证词的词汇内容相似度也很高。

B. 当然,至于证人作为披露信息的人员是否恰当,我没有置评,因为这不是语言学层面的问题,而是执行层面,甚至是法律层面的问题。此外,对于警察能否在案件中保证自己的观点、对被告的观点或者对被告法定代理人的观点不受他人影响,我也没有进行评论。但我指出了备忘录的存在,该备忘录具有一定的措辞特点,证词的结构和备忘录几乎完全相同,而且证词和备忘录中包含许多相似乃至相同的词组,我还指出两份证词的相似度过高,不太可能是两名警察自己独立写出来的。

有了语言学方面的证据,被告要求提出滥用程序的动议。被告方面提出,《警察和刑事证据法(1984)》(第 78 条)对这个问题作了解释。第 78 条规定,可以排除会对被告造成不公结果的证据。被告律师认为,采信警察的证词会违反第 78 条的规定,会造成不公的判决。此条款规定公务人员不得滥用他们在公诉方面的职权,最重要的是不能“有恶意”。《检察官法典》(Code for Crown Prosecutors)规定,检察官“必须公正、独立、客观”,应当“为调查人员提供指导和建议”,并且有义务将“所有相关证据……提交法庭”。然而,其中还规定“如果检察官认为一些额外的证据能够增加案件胜诉的可能性,应当……将这些证据……告诉警察”。在审判过程中,案件能否继续推进,举证阶段是关键。举证阶段的一个重要方面是证据的收集方式。因为法庭会援引各种规定来决定是否排除这些证据。在决定是否适用第 78 条时,法庭会首先考虑证据是以何种方式获取的。不是说违反了第 78 条,证据就会自动遭到排除,还要看违反的程度是否“十分重大”。

在“女王诉德比刑事法庭”(R vs. Derby Crown Court, *ex parte* Brooks)一案中,大法官奥蒙德将滥用诉讼程序定义为“检方操纵或滥用法庭程序,导致被告没有受到法律的保护……”

在现实中,法官很少会批准滥用程序的动议。根据法官迪尔霍恩对“DPP诉汉弗莱斯(DPP vs. Humphrys)(1977)”一案的判决,诉讼程序只有在特定情况下才能中止。法官莱恩在1990年担任检察总长一职时,对这一点表示了赞同。法官斯图尔特-史密斯也指出,“这项权利应当谨慎使用”。此外,某个加拿大法院的判决指出,如果法官批准了诉讼程序中止,那么注定会违反“代表着公平公正的法官基本原则”。

此案的问题在于,是否存在破坏法治的不端行为,以及该不端行为是否有碍公正。

检方辩驳称,任何这种问题在案件审判过程中都能解决,虽然那份备忘录措辞粗拙,但它却不是滥用程序,因为检察官不可能知道备忘录会对警察的行为产生何种影响。他还引用了案例法,并声称只有在证据还没有被提出时,法官才能作出滥用程序的裁决来排除证据。然而,这名警察已经提出了他的证据,因此滥用程序的裁决不适用于本案。

被告方面对检方的辩护一一作了回应,并特地从语言学分析角度进一步强调了备忘录一事。他重申了之前提到的备忘录内容的语言学要点:“we”这个具有包含性的词、陈述性要求和隐藏的多重含意。辩方律师指出,检方认为只能在证据提出之前对其进行排除,这一点是错误的,因为这本质上就违反了自然公正,法官书记员对此也表示赞同。

治安法官们就是否适用第78条考虑了两三个小时,并仔细查看了书记员的记录内容。回到法庭后,他们裁定此案中的备忘录滥用了审判程序并且有碍公正。案件被驳回,被告史密斯女士得到诉讼费用补偿。

这一裁决对司法语言学来说意义重大,原因包括:其一,这一裁决被认为是语言学证据首次在滥用程序案件中被采纳。在此案中,语言学向大家说明了一点,说话或者写作都是一种行为(*act*),如果权力够大,我们还能让其他人作出一些行为。因此,如果认为那份备忘录没有恶意,就等于否认语言是一种行为,更何况在此案中,这种行为还导致其他人作出特定行为。如果这些行为是非法的或不道德的,那它就是我们一开始就应当注意的要因行为。

我不知道史密斯女士是否真的酒驾,当然我希望她没有。如果检方没有那么急切的话,警方或许会胜诉,而史密斯女士酒驾的罪名也会成立。我认为检方在此案中过于热切,从而导致警察在履行职责时受到了妨碍。当权者由于用语大意,致使本来胜券在握的案件遗憾败诉。

——注释——

1. 应被告辩护律师要求,本案中的人名和地名都已更改。假如我在之后出版的法律书籍(例如《布莱克斯通法律评论》)中再次提到此案,那这本书的人名和地名会随之更改,从而保证读者能更加正式地引用此案。

19. 匿名信

玛丽·斯迈斯是一名生理年龄四十多岁但心理年龄只有十二岁的女性。她的母亲住在慕黑德北部的镇上,玛丽性格友好外向,在那附近很受大家喜爱。不幸的是,友好的性格却给她招来了灾祸,有一天回家后,玛丽向母亲抱怨说有一个年长的男性邻居对她实施了性侵犯(或强奸)。的确有好几个邻居看到玛丽进了乔·布朗的家,但他们难以相信这位年长爱猫的布朗先生会干出这样的事。不过,他们还是报了警,警方对布朗先生进行了调查讯问,并最终对他提起诉讼。不久后,在玛丽声称受到侵犯的那天看到玛丽进入布朗先生家并报警的邻居们便开始收到恶意信和威胁信。他们向警方报告了这件事。还有几个人,虽然不是目击证人,但知道受害者曾去过几次嫌疑人的家,或者知道其他对嫌疑人不利的信息,或嫌疑人眼中对他不利的信息的,他们也收到了匿名信。所有匿名信看似都是嫌疑人的"朋友"写的,这个"朋友"在信中说嫌疑人没有强奸受害者。

差不多在同一时间段,乔·布朗本人也给目击证人和其他邻居写了几封信,内容和匿名信差不多,用语也很相似。我分别从两组文本(已知文本 K 和存疑文本 U)中挑选了两个例子(K1 和 K2,U1 和 U1),例句如下:

文本样本 1:恐吓证人:文本 K1(已知文本 1)

... I was arrested and charged with the rape of Mary. I could not believe this as I am and was impotent.

【译文】

……我被逮捕并被控以强奸玛丽的罪名。我不能相信这一点,因为我现在和过去都是性无能。

文本样本 2:恐吓证人:文本 K2(已知文本 2)

... when I was arrested, I was firstly charged with raping Mary, I stated to the Police that I could not rape anyone, as I was impotent, and had been since 1996.

【译文】

……当我被逮捕后,一开始我被控以强奸玛丽的罪名,我对警察说我不可能强奸别人,因为我过去就是性无能,从 1996 年开始就是了。

文本样本 3:恐吓证人:文本 U1(未知文本 1)

The good fortune is Joe was able through solicitors, police Forensics and medical experts to prove 100% that he could not and did not rape or have unlawful sex, through his being Impotent and is and has been for five years or more.

【译文】

好在乔能通过辩护律师、警察取证和医学专家百分之百地证明他不能也没有实施强奸或者进行非法性行为,因为他性无能,不仅现在如此,从五年前甚至更久前就是了。

文本样本 4:恐吓证人:文本 U2(未知文本 2)

Neither would have known that Joe, was to enter hospital to have tests to Proving that he is and was impotent.

【译文】

没人知道乔去医院进行了检查,证明他现在和过去都是性无能。

“标记性”适用

读者可以发现,已知文本和未知文本中都多次提到了“性无能”一词。表 19.1 对此进行了概要记录。让我感到奇怪的是这些例句的时态转换:投射小句[“I could not believe(我不能相信)”“Nobody would have known(没人知道)”]使用的是过去时,但主句动词却是现在时。这是一个标记结构,因为(i)人们更习惯于按照时间顺序来叙述事情,也就是先发生的事情先说,后发生的事情后说;(ii)投射小句(“我不能相信”等)本身是过去时,比较常见的做法是,首先提及在时间层面上与投射时态更接近的事件。已知文本 2 可能是个例外,“因为我过去就是性无能,从 1996 年开始就是了”跟“～我从 1996 年开始就是性无能,后来一直是性无能～”这两种说法都很常见。撇开这个例子不看,有些读者可能会认为这种时态转换是一个历史现在时的使用问题。在上述各个文本中,作者可能仅仅想强调嫌疑犯现在是“性无能”这一点,但这或许是一个叙述问题,而不是句法或语义层面的问题。此外,在两个过去时事件之间使用了现在时,说明这不可能是历史现在时,至少在这种语境里不是。

表 19.1 K 文本和 U 文本中提到的“性无能”

文本	投射小句	被投射小句
K1	I could not believe this（我不能相信）	as I am and was impotent（因为我现在和过去都是性无能）
K2	I could not rape anyone（我不会强奸别人）	as I was impotent and had been since 1996（因为我过去就是性无能，从 1996 年就是了）
U1	Joe was able ... to prove ... that he could not and did not rape ...（乔能……证明……他不能也没有实施强奸……）	through his being Impotent and is and has been for five years or more（因为他性无能，不仅现在如此，从五年前甚至更久前就是了）
U2	Neither would have known that Joe（没人知道乔）	that he is and was impotent（现在和过去都是性无能）

我认为，这种类型的标记形式不是句法上的，因为没有语法规则会规定文本的时间顺序。同样的，这种标记也不是“非标准性”的问题，因为没有一个普遍接受的标准供我们参考，所以我们不能说“这个句子违反了已知标准”。我们看到的不是一种非标准的表述方式，而似乎是一种非常见或不寻常的表述方式。为了对此进行测试，我们需要使用一些语言频数量度工具，例如语料库，若语料库行不通的话我们还可以借助合适的互联网搜索引擎。我从语料库——英国国家语料库（BNC）[1] 中查到了“am and was（现在是并且过去是）”等用语结构的使用频数，见表 19.2。这一频数还算正常，因为语料库通常更适合查询比样本文本语域更高的文本。通常来说，此类文本含有的名词化结构比非正式文本多。这一点可以通过查询限定词“the”和“a/an”的频数得以验证。此类限定词在学术报告、小说、新闻报道等高语域文本中出现的频数远远高于不那么正式的文本，例如

信件、电子邮件及其他类似文本。再比如，在英国国家语料库(BNC)中，“you and me”仅出现了 267 次，“you and I”也只出现了 564 次——这是在 1 亿单词量的基础上查询到的结果。这明确反映出一点：在语域方面，语料库语言的正式程度远远高于互联网的语言。鉴于语料库在此没有提供有什么价值的结果，我转而求助互联网搜索引擎。

我们在使用搜索引擎时要谨慎，因为搜索引擎的运作方式会导致搜索结果无法反映出准确的使用频数，例如，大多数情况下都会显示“大约 1360000 个搜索结果”，而“大约”这个词在这里非常重要。搜索引擎服务器会根据搜索时的工作负荷，确定每次搜索所用的时间。搜索结果反映的仅仅是服务器在指定搜索时间内发现的可访问内容，因此频数的搜索结果往往有差异。然而，即便我们无法得到精确的数字，互联网搜索结果还是能够帮助我们大概了解某个用语的使用频数。但是记住一点，搜索结果必须有显著的差异才能用于推导结论，举个例子，10000 比 50 这个结果就比 10000 比 9000 要靠谱得多。当我们无法使用语料库而不得不借助互联网时，比如想搜索一个功能词，建议先把这个功能词放在不同的句子中进行搜索，以获取尽可能准确的数字。

表 19.2 “am and was(现在是并且过去是)”等用语的语料库频数

词串	频数
was and is(过去是并且现在是)	60
is and was(现在是并且过去是)	2
am and was(现在是并且过去是)	1(两个分句)
was and am(过去是并且现在是)	0

有一个搜索引擎[2] 给出了“代词＋be 动词(现在时)＋be 动

词(过去时)”和“代词+be动词(过去时)+be动词(现在时)”两种词组搭配的使用频数(见表19.3)。从表19.3我们可以看出,“过去—现在时”结构的使用频数远远高于“现在—过去时”结构,也就是说,过去时动词往往会放在现在时动词之前。尽管从搜索引擎得到的使用频数没那么精确,但通过搜索其他代词的使用频数,我们发现这个结果还是比较靠谱的。此外,直觉告诉我们,“过去—现在时”的语序比“现在—过去时”的语序更加常见,而且如果投射小句(“I thought”“he said”“I believed”等)是过去时,那被投射小句一般叙述的便是过去或之前发生的事,而不是现在或之后的事情。已知和未知文本中多次出现我在上文中提到过的语序混乱的情况,包括“罪证和证据已经交给了警察”,“在过去几年和几个月里”等等。这些句子的语序都是混乱的:“proof and evidence(罪证和证据)”没有按照时间顺序排列,“evidence(证据)”应该放在“proof(罪证)”之前,因为“证据”经过验证和采信之后才能成为“罪证”;同样,“in the past years and months(在过去几年和几个月里)”这句话的时间顺序也是混乱的,因为“months(月份)”的范围小于“years(年份)”。读者可以通过查询互联网(谷歌™)和语料库(例如在英国国家语料库中,“月份和年份”的说法出现了30次,而“年份和月份”的说法仅出现了1次)来核实这一点。

表19.3 “主格代词+be动词的过去时和现在时”的互联网搜索频数

词串	频数
I was and am(我过去和现在是)	155000
I am and was(我现在和过去是)	20600
he was and is(他过去和现在是)	174000
he is and was (他现在和过去是)	21300
she was and is (她过去和现在是)	55100

(续表)

词串	频数
she is and was(她现在和过去是)	727
we were and are(我们过去和现在是)	50300
we are and were(我们现在和过去是)	904
they were and are(他们过去和现在是)	122000
they are and were(他们现在和过去是)	31800

此案中的文本在句法层面也存在这种混乱性。我们可以在下面这些例句中看到由标点符号(逗号)引起的句法上的断句:

- 调查这件案子的警察,说他不相信我。
- ……没有罪证证明性行为发生过,在玛丽和我之间。
- 我和我的伙伴,在过去几年和几个月里,研究了案例。

在这三个例句中,我们可以看到多处由标点符号使用错误导致的断句。例如在第一个例句中,名词短语"调查这件案子的警察"与该句的补语"说他不相信我"被一个逗号隔开;在第二个例句中,动词短语连接的是间接宾语"在玛丽和我之间",但宾语却与动词短语分开了;在第三个例句中,名词短语"我和我的伙伴"(这个短语本身的语序就是混乱的,按照传统应该是"我的伙伴和我")应当连接动词短语"研究了案例",但逗号却将助动词和时间状语从句与主句分开了。每个例句都清晰地说明,我们在分析过程中可以研究句法方面的标点符号,以此来分析用语风格。美国语言学家卡罗尔·查斯基(Carole Chaski)[3] 就是这种句法分析的典型代表。

因此,通过分析这些文本我们似乎发现,从(非正式的)语义学角度来说,这些句子成分在时态和时间等方面的排列顺序混乱,而且从句法学的角度来说,这些句子在句法上的断句也比较奇怪。我认为,这两种情况其实与句子结构的顺序和排列有关,因此不是时间顺序混乱，就是结构顺序错乱。这似乎也是其他相同类型句式的现象或特点。我认为大多数人在写句子时都会出现这种顺序混乱或结构错乱的情况，但是出现的概率不大。在这次文本研究中，让我着实感到惊讶的是，解构现象出现了很多次，而且类型众多。我还从词汇角度分析了这些文本，然后发现了一些有趣的事情，文本中有不少单词中间出现了空格，被分成了两个单词，举个例子，在已知和未知文本中，“intercourse”一词写成了“inter course”：

> 已知文本：在调查中警察撤回了强奸的指控，然后换成了 inter course 的罪名。
>
> 存疑文本：乔再次接受警察调查，强奸的指控被撤销了，变成了 inter course 的罪名。

作者之所以将“intercourse”写成了“inter course”，是因为他认为这是两个单词。这属于词汇结构的混乱。根据其关联的含义，“inter course”算不上是一个词，应该是“intercourse”。英语词汇中有很多前缀，但其用法与上述“intercourse”这个词完全不同，例如“international”一词中的“inter”，当然了，“course”也是一个词汇。因此，“inter”与 “course”这两个词分开使用也是有可能的，但不适用本案的语境。我认为，我们这一发现的本质是词汇结构的混乱，已知文本和存疑文本中都出现了这种情况，还可以举出一些其他的例子：“photo copied”“back fired”“other wise”和“some where”等等。同标点符号错误断句一样，单词中间加空格在语法上也是不常见或不规范的。

此外，已知文本和存疑文本在单词拼写方面也存在许多相似之处，例如把“intension”写成了“intensions”，把“course”写成了“coarse”，还有许多其他一模一样或高度相似的词组，例如“for a so-called rape（因为一次所谓的强奸）”和“for the so-called rape(因为这次所谓的强奸)”，等等。然而，拼写错误并不属于标记类型的一种，而要用其他方法对其进行分类，我不会在此处对这个话题进行探讨。我列举了一小部分已知文本和存疑文本中具有相似性的例子。并为每个例子制作“匹配表”，列出已知文本和存疑文本体现出的某种特定类型的相似匹配。表19.4是其中一个示例。

表 19.4　已知文本和未知文本的匹配示例

未知文本	匹配	已知文本
is and has been [impotent]（现在是并且一直以来都是[性无能]）	**时序** is and has been/am and was **词位** impotent **关联之处** 两个句子的叙事结构都是“现在—过去”的形式	I am and was impotent（我现在和过去都是性无能）
结果：匹配		评价：这种共同特征的结合似乎不是很常见

有些匹配类型比其他类型更重要。即，长句或整句的匹配比拼写错误之类的匹配更具价值，而文本布局和风格方面的匹配价值则比不上正字法方面（拼写错误、撇号、字母大写等）的匹配。匹配特征的重点在于，每一项匹配的指出都要建立在标记性的基础上，并且是与一般用语之间存在着显著系统性差异的标记。例如，如果候选作者与已知作者都把“receive”写成“recieve”，这或许可以算作一个标记，但并不是显著标记。大约有2%的人会把“receive”写错。这并不是一种罕见的现象。寻找

标记的时候,我们要确定所分析的文本结构是罕见的还是不规范的。罕见和不规范是两种类型的标记。

句法标记能够给我们提供更扎实的依据,好过在比较浅显的层面研究文本特征,例如文本布局。作为以英语为母语的人,我们知道在英语中,“dog the”显然违背了简单的语法规则,所以这是个标记点。反观其他层面,语义或者惯用语方面的标记并不能为我们提供如此扎实的依据,仅仅是因为它们与句法结构不在同一个语言组织层面上(见查斯基著书,2001:40)。在此案中,我认为已知文本和存疑文本在时间顺序、句法和习语方面的特征都具有一定相似性。两组文本中经常出现的问题或症状也都十分相似。接下来的任务是计算两组文本之间的相似点和不同点。为了完成这项任务,我按照著名语言学家卡罗尔·查斯基(Carole Chaski)[3] 的研究方法计算了句法以及其他类型标记性结构的数量。反例的列举也十分重要。记住一点,语言学家的任务不是*证明*某事,而是发现和展示事实,并非*论证*。

司法语言学家如何判断他们的研究结果呢?和其他科学家一样。若你已经对得到的结果以及所采用的方法进行了充分的检验,那么你就能利用数据对结果进行量化评估,量化评估能让我们对研究结果更加自信。这里的“自信”并没有技术性含义。不是指数据统计学方面的“置信区间”。数据统计学方面的“置信区间”是我们在宣称作者身份匹配时,或确定作者身份比较时,指定的一个作为确定标准的误差率。我一般会借助重要性顺序表来帮助自己进行评估,如表 19.5 所示。标记按照重要性顺序列在表中。

表 19.5 风格特征类型重要性顺序

特征	序号	评论	评价
语法结构类型	1	请参考查斯基著书。已知和存疑文本中都出现了罕见、不寻常或者错误的结构。可以了解一点生成文法的相关知识	重要性取决于匹配的数量和类型
标点符号	2	不常见的标点符号使用习惯或错误也很重要。考虑将标点符号分析和句法分析结合起来	可能重要,但需要与其他方面结合起来
习语	3	奇怪的措辞也很关键。尽可能寻找这种标记	取决于匹配的数量和类型
拼写	4	拼写错误,尤其是罕见的拼写错误。寻找方言性的拼写差异,比如美式英语和英式英语的拼写	同上,但要研究错误罕见的程度
文本布局	5	若文本布局比较特殊的话,可以考虑。但要注意不同文化影响下的文本布局风格	需要注意,例如美式英语、英式英语和欧式英语的差异

注:(i) 在观察相似点和不同点时,避免将某种现象的单独的例句纳入考虑范围之内,(ii) 要考虑到方言差异也有可能导致某些不同点。

表 19.5 表达的意思是,假如两份文本是由两个作者独立创作的,但在句法方面的匹配之处有很多,那么这要比文本布局方面的匹配具有更重要的意义。最后,我的最终任务是,以分数的形式进行评估。通常情况下,语言学家会采用 10 分制,但有些语言学家现在倾向于使用更加复杂的数据计算方法,例如贝叶斯可能性比率(Bayesian likelihood ratios)。在研究的最后,语言学家会就两份文本的相似度给出自己的意见。在此案中,我对自己的结论很有把握,并给自己的结论打了 8 分(满分为 10 分)。我向来谨慎,8 分已经算是高分,我很少会给出 9 分,从来没给过 10 分。

我把报告交给了法庭，按照正常程序，嫌疑人要与之进行质证。大约一个月后，嫌疑人出庭时继续否认强奸的指控，但承认了性侵犯的罪名。读者们肯定都明白，为了保护受害者，细节在此不便多说，但愿通过司法语言学技术得出的结论（作为证据）对此案的判决产生了些微的帮助。

——注释——

1. 英国国家语料库，一个包含 1 亿个单词的大型语言资料库，由牛津大学研究人员汇编。

2. 谷歌，2007 年 6 月。

3. C. Chaski, *A Daubert-Inspired Assessment of Current Techniques for Language-Based Author Identification*, US National Institute of Justice, 1998.

20. 寻找寄信人

在美国西部某州，菲迪斯特·麦克格雷特就一些私事咨询了一名家庭治疗师。据称，在一次诊疗过程中，治疗师匹克威克医生对麦克格雷特女士说了一些暗示性的话，并试图与她进行身体接触。那次诊疗后，麦克格雷特女士给医生的职业机构寄了一封投诉信。几个星期后，麦克格雷特女士所在城市的政府机构收到了一封匿名信，信中提到了麦克格雷特女士照顾孩子的能力，并称她患有"经前焦虑症"。匿名信向该城市的社会福利部门提出，麦克格雷特女士的情况会对孩子造成危险，建议仔细监护麦克格雷特女士的孩子，以保障孩子们的安全。

无论是否为恶意信件，鉴定匿名信的作者身份都不是件容易的事。之所以困难，是因为恶意的匿名信通常比较短，所以信中可供评估或度量的文本数据也就相对较少。在我承接过的关于恶意信件的调查中，大多数情况下都只有一份恶意通信的文本，而理想的调查分析则需要好几份存疑文本。我开始问我自己，有关信中的话题，匿名信的作者需要具备怎样的专业知识和经验才能写出这样的信？他对收信人需要有怎样的了解？此案中有四份文本可供对比：匹克威克医生给医生职业机构写的两封信、寄给市政府社会福利部门的匿名信，以及匹克威克医生的代理律师给医生职业机构写的一封信。在给医生职业机构写的第一封信中，匹克威克医生讲述了他的工作方法以及自己作为治疗师的发展历史。这封信寄出后，麦克格雷特女士去了一次他的办公室。第二封信进一步阐述了匹克威克医生的工作方法以及对治疗的一些想法，还对麦克格雷特女士过来接受治疗的事情发表了看法。第三份文本是匿名信。最后一份文本是匹克威克医生的代理律师写的，虽然这封信的作者与此次调查无关，但将这封信纳入分析范围，是因为这封信含有一些在此案语境中较为少见的用语。

司法语言学家们有时会进行所谓的“作者定性”。这并不是某种心理学上的分析或者评估，而是试图对文本的作者进行社会定性，研究其社会地位、年龄、性别、职业、政治派别和教育水平等社会变量因素。不是所有的文本都含有这些信息线索。事实上，许多文本几乎不会透露任何有关社会地位、教育水平等的私人数据，在有些情况下，作者甚至还会试图欺骗读者，掩饰其社会地位、教育水平等。因此，从恶意通信中收集社会数据，以及对其进行解读时，都需要格外谨慎。

在此案中，匿名信的作者在信的开头告知了读者，也就是社会福利部门，称麦克格雷特女士的孩子可能需要“专业的帮助”，然后继续写道，麦克格雷特女士可能患有“经前焦虑症”，而且这种病症会导致“心理不稳定发作”，“7%的女性群体”都患有这种症状，导致这种症状的原因可能是激素或压力。在下一段中，作者进一步描述了焦虑症的症状，包括易怒、抑郁、有自杀倾向等等，随后还详细解释了焦虑症的症状与紧张和压力有关。作者称，麦克格雷特女士除了有这些经前焦虑的症状外，还患有暴食症。在信的最后，作者督促社会福利部门的工作人员赶快“采取行动来监护孩子的安全，必要的话可以把孩子接到安全的地方”。我们可以看到，这封匿名信充满了关于心理健康问题的专业术语。知道“经前焦虑症”这一名词的人可能不多。信中提到“经前焦虑症”会影响 7%[1] 的“女性群体”，这一点也属于专业知识。信中后来提到麦克格雷特女士的暴食症导致她出现"strange behaviors(各种奇怪行为)",这看起来也像是专业领域的知识。这里的"behaviors(各种行为)"一词特别有意思。"behavior(行为)"一词的单数形式使用频率更高,普通人一般都只会用单数形式。而"strange(奇怪)"一词比较大众化,专科医师用的则比较少。"心理不稳定"这一短语也是比较大众化的,不像是精神科医生之类的人可能会用的术语。然而,在我看来,虽然存在这些大众化的词汇,但这封匿名信描述的焦虑症、其症状以及病症产生的可能原因都是医学和心理学上的问题,超出了一般人的知识范畴。这些症状及其可能原因的描述像是一个对此病症比较熟悉且有意了解这一问题的人写的。当然,这并不是说匿名信中的那些说法具有任何可信度,相反,匿名的信件很少写真话,特别是那些意图诋毁他人人格的匿名信。因此,同恶意通信及恐吓信一样,这种匿名信的描述虽然从大体上来看可能会是正确的,但在绝大多数情况下都是不公正的。综上原因,我认为这封匿名信的作者很可能具备"经前焦虑症"方面的专业知识,尤其了解心理学术语。

假设匿名信中对麦克格雷特女士的描述都是事实,我们马上会想:什么人会知道这些事情呢?一般人不会把自己身体上和心理上的问题一五一十地昭告全世界。而且匹克威克医生自己也说了,麦克格雷特女士有着遮遮掩掩的做派,她不希望其他人知道自己的病症。据匹克威克医生称,就连和麦克格雷特女士一起生活超过25年的丈夫对她的病症也知之甚少。

分析匹克威克医生写的那两封信(文本1和文本2)时,我们发现,除自杀倾向外,匿名信中提到的许多症状以及情绪剧烈波动的症状都出现在了匹克威克医生自己写的信中。换言之,匹克威克医生似乎自己证明了,只有他自己一个人知道麦克格雷特女士病症的细节,正如匿名信中所说的那样。就连推荐麦克格雷特女士咨询匹克威克医生的家庭医生都不知道麦克格雷特女士患有暴食症。表 20.1 列出的一些例子是匹克威克医生的信和匿名信中出现的相同或相近的症状和状况。

表 20.1 已知信件和匿名信中的病症描述

匹克威克医生的信中关于麦克格雷特女士的描述	匿名信中关于麦克格雷特女士的描述
易怒和抑郁	易怒,抑郁
感觉被拒绝	被拒绝感
导致压力大	压力大(特别提到了麦克格雷特马上要和丈夫分居的事情)
情绪波动	剧烈和不可预测的情绪波动
暴食行为	暴食……导致各种奇怪行为
一定不能让他们发现、十分遮遮掩掩	她一直保密……避免他人察觉

信中出现的"homosexual(同性恋)"一词似乎有点特殊。匹克威克医生在信中多次提到自己是"homosexuality(同性恋者)",他似乎想用这种说法来证明自己对麦克格雷特女士没有性方面的兴趣。现如今,"homosexual"和"homosexuality"这两个词用得比较少,"gay、gayness(同志)"一词用的则比较多。互联网搜索结果显示,"gay"一词的使用频率是"homosexual"的15 倍。[2] 匿名信的构词也很奇怪。匿名信几次用到了"maybe"这个词,但根据上下文意思其实应该用"may be"。刚开始我觉得这一点并不罕见,然后我在谷歌上对这两个词进行了搜索(2008 年 5 月 27 日),详见表 20.2。搜索结果显示,"may be"被误写为"maybe"的频率在 1∶600 至 1∶25 之间,其罕见程度比我原先想象的高很多。

表 20.2　may be 和 maybe 的互联网搜索结果

词串	频次
he maybe coming(他可能会来)	70
he may be coming(他可能是会来)	39100
she maybe coming(她可能会来)	40
she may be coming(她们可能是会来)	978
we maybe going(我们可能会去)	214
we may be going(我们可能是会去)	58900

从这一点可以看出,匹克威克医生和匿名信作者的文字素养都不高。专业人士并不像人们想的那样都具有较高的文字素养,我有一个律师朋友就总会把"receive"写成"recieve",把"perceive(认为)"写成"percieve"。

我们从上文得知,匿名信称麦克格雷特女士患有"经前焦虑症"(PMDD)。"经前焦虑症"是一个高度专业化的术语,一般只有精神科医生和内分泌专家在治疗病患行为受到严重影响的经前症状时才会使用。我强烈怀疑,就算是一位极具资格的临床心理学医生也不会作出"经前焦虑症"这样的诊断,甚至不会使用这样一个术语。因为临床心理学医生知道,只有经验丰富的高级精神科医生经过多番努力才能得出这样的诊断结果。没有哪个精神科医生会轻视这种病症。我还注意到,匹克威克医生在他的客户报告中没有提到这一病症。

奇怪的是,匹克威克医生的代理律师却在信中提到,匹克威克医生怀疑麦克格雷特女士患"经前焦虑症"。他是这样说的:"我的客户认为她可能是患有一种病症(即经前焦虑症),这种病症可能会直接影响到她的指控是否可信。"

当然,律师可能不了解什么是心理疾病,什么是有资质的执业医生专门研究的疾病。我认为匹克威克医生肯定误导了他的代理律师,让律师以为匹克威克医生有能力作出“经前焦虑症”这一诊断,尽管从匹克威克医生的客户报告上来看,匹克威克医生没有询问麦克格雷特女士月经是否规律、月经周期内情绪变化是否剧烈、由月经导致的行为问题持续了多久这些问题。我们可以看到,匿名信和匹克威克的信中都出现了“经前焦虑症”这个医学用语,这一点很有趣。我认为,100000 人中(除了有资质的医学人士和对心理疾病和精神病症状感兴趣的人)认识这个词的人连 1 个都不到。互联网文献检索结果显示,“经前焦虑症”一词虽然由来已久,但直到近日仍有争议。

《精神病诊断和统计手册》(也称作 *DSM-IV*)的修订版[3] 对“经前焦虑症”这一术语进行了描述。有趣的是,匹克威克医生在提到“表演型人格”时也提到了这本书。代理律师的信似乎也想说明一点:因为麦克格雷特女士可能患有经前焦虑症,所以她的指控没有可信度而言。

代理律师认为麦克格雷特女士应该去看一下精神科医生,看看自己是否患有经前焦虑症。如果这是匹克威克医生提出的建议,那么这进一步说明匹克威克医生对经前焦虑症根本不了解,也不知道这一症状是如何诊断的。《精神病诊断和统计手册》(*DSM-IV*)中明确写道,经前焦虑症的诊断过程十分漫长,需要病患在月经周期的黄体期和卵泡期对自己的情绪进行高度的自我监测,此过程将进行很长一段时间。我说了这么多,就是想让读者明白经前焦虑症的诊断难度之大。在这一背景下,代理律师或许在不知不觉中就附和了匿名信的说法,想要证明麦克格雷特女士这个人不可靠、不可信,而依据仅仅是她可能患有某种疾病,而且是匹克威克医生和律师都不甚了解的疾病。代理律师的无知还有情可原,可没想到一个治疗师竟然声称自己有能力诊断这种病症,要知道,精神科医生在没有与病患进行深入协商的前提下基本上不会作出“经前焦虑症”的诊断，甚至不会考虑进行这一诊断。有趣的是，一些人为了逃避女性受害者关于性侵犯或其他攻击行为的指控，经常会称受害者患有某种形式的经前病症或其他病症（请参考莱特·泽德克著书[4]）。代理律师的信和匿名信都试图用经前焦虑症来降低麦克格雷特女士的可信度。有意思的是，匹克威克医生在客户报告上并没有提到麦克格雷特女士患有经前病症。除了上述的这几点之外，我还注意到匿名信和代理律师的信在提到所谓的经前焦虑症的时候，都使用了同样的句式，即“……她可能是患有”这种焦虑症，详见表 20.3。

表 20.3　两封信的相似之处

匿名信	she maybe suffering from（她可能患有）	some form of（某种形式的）	PMDD（经前焦虑症）
代理律师的信	she may be suffering from（她可能是患有）	a medical condition，namely（一种病症，即）	Premenstrual Dysphoric Disorder（经前焦虑症）

我们可能认为“她可能是患有……（she may be suffering from）”这句话很常见，我们应该每天都能见到这种表达方式，但经过谷歌搜索后，我发现并不是这样。作为词组相对使用频率研究的领头人物，库尔萨德（Malcolm Coulthard）和约翰逊（Alison Johnson）（2008：198）认为，如果在同一个搜索引擎上出现的次数为 7700 次，那么这个词组就算是“少见的”。[5] 他们给出的例子是“我问她我能否……”在我撰写本文时（2008 年 5 月 26 日），“she may be suffering from ...”这个词组在互联网上的搜索结果为 169 次，因此是个更加少见的词组。在表 20.4 中，我列举了这个词组和其他相关替代词组在谷歌上出现的频次。

表 20.4 不同词组在互联网上出现的频次

词组/词串	频次
she suffers from(她患有)	313000
she is suffering from(她正患有)	133000
she could be suffering from(她有可能患有)	4500
she seems to be suffering from(她似乎患有)	1180
she appears to be suffering from(她看起来患有)	427
she may be suffering from(她可能是患有)	169
总数	452276

上表列举的几个词组均为“她+[情态动词/助动词]+患有”的表达形式,但“she may be suffering from”这个词组出现的频次却远低于其他词组。如果我们计算“she may be suffering from”这个词组在所有相似的表达方式中的百分比(当然,肯定还有其他的表达方式),最后的结果还是只占总数的一小部分,在本文中,这个比例是 0.0004,也就是 1%的 4/100 倍。因此毋庸置疑,“she may be suffering from”这个词组相当少见。[6]基于此,匿名信和匹克威克的代理律师给医生职业机构写的信中同时出现这个词组就不仅仅是巧合。

我不知道为何代理律师会在信中写这句话,最有可能的解释就是,匹克威克医生对代理律师说话时,律师记下了这句话“she may be suffering from ...”(某种病症)。代理律师不大可能从其他人口中听到这条信息。在这种情况下,律师不是客户文本的作者,而是代理作者。他们代表客户撰写文本。至少在此案中,“she may be suffering from ...”这句话的作者更有可能是匹克威克医生,而不是律师。比较匿名信和匹克威克医生的信中存在的其他相似之处,除了“she may be suffering from ...”

这句话,两封信中还都提到了经前焦虑症这个罕见病症,因此我们似乎可以得出结论,匹克威克医生最有可能是匿名信的作者。不幸的是,我没有机会证实这一点。匹克威克医生的代理律师坚称,如果匹克威克医生需要出席纪律听证会,那么他应当能够就麦克格雷特女士的健康状况和指控内容对她进行详细询问。匹克威克医生一定是知道麦克格雷特女士的弱点才提出了这样一个无理狡猾的要求。最后,他们也算是如愿以偿,麦克格雷特女士因未能参加纪律听证会而不得不撤销对治疗师的指控。

——注释——

1. 医疗网站在提到经前焦虑症(PMDD)时不会给出这么具体的数字,一般都会使用“大约5%”或者“5%到10%之间”这样的表达方式。

2. 2008年5月27日通过谷歌搜索:“homosexual”一词的搜索结果为21000000次,“gay”一词的搜索结果为379000000次。

3. American Psychiatric Association, *Diagnostic and Statistical Manual of Mental Disorders* (DSM IV), Fourth Edition, American Psychiatric Association, Washington, D. C., 1994.

4. Raitt F. R. and M. Suzanne, *The Implicit Relation of Psychology and Law: Women and Syndrome Evidence*, London: Routledge, 2000.

5. 在库尔萨德和约翰逊著书时,“I asked her if I could”这个看似常见的词组在谷歌上的搜索结果为7700次(库尔萨德和约翰逊,2008:197)。他们称这个词组是“少见的”。现在这个词组的搜索结果上涨到了82100次。而“she may be suffering from ...”这个词组的搜索结果为169次，可以说是十分少见的。

6. 另一方面，我需要说明一点，以免造成误解，并不是说只有万分之四的人口会使用这个词组。我们仅凭常识就能判断出这个词组很少见。

21. 是欧尼还是罗尼?

事情是这样的,一名警察和嫌疑人在一辆行进的车上,他们的对话被秘密录了音。在录音中,两人提到了名为欧尼(Ernie)的一个人。然而,在某一段录音中,罗尼(Ronnie)这个名字忽然又冒了出来。调查此案的警察并不知道此案涉及一个名为罗尼的人,怀疑可能是录音质量太差,导致欧尼的发音听起来像是罗尼。

有争议的发音分为两种类型。一种情况是有争议的发音仅出现一次,无法将其与无争议的发音进行对比,另一种情况是,除了有争议的发音外,还出现了多次无争议的例子。第二种情况更好处理,因为我们可以收集无争议的例子,然后与有争议的发音进行比较。如果没有可以直接用来比较的样例,我们就需要借助其他方式,例如分析单个音素(语音)的音值。拿到这份录音磁带后,我先听了几遍,然后记下了所有没有争议的名字发音。我将这些名字发音摘录出来,并测得了第一个音素("er"音)的声谱值。随后,我按照相同程序,对所有有争议的名字发音进行了处理。本案中的监控录音给听者带来了很多听觉上的障碍,包括刺耳的电流杂音、汽车引擎的声音、汽车播放广播的声音、汽车行驶过程中的声音等等,而且还有其他一些干扰性的噪音,例如咳嗽声、人动来动去的声音、切换电台的声音等等。录音中两个说话者都喜欢不断打断对方的话,所以很难听到完整的对话。上文提到了刺耳的电流杂音,这个声音很烦,有时正好会掩盖有争议的名字的第一个音节,增加了声音分析的复杂程度。可能有读者会问,怎么可能把“Ronnie”的发音与“Ernie”混淆呢?许多人认为这两个名字的发音存在明显的区别,事实的确也是如此。比如,这两个名字一个是以辅音开头的,一个是以元音开头的,一个含“er”音,一个含“o”音,怎么会混淆呢?不过,这两个名字的发音虽然存在区别,但相似之处也有很多。还有一点很重要,我们要注意区分看到的内容(“Ronnie”和“Ernie”)和实际听到的内容。我们的社会逐渐趋于文本化,所以我们理所当然认为语言就是我们看到的内容,对实际听和说的内容不甚在意。也就是说,在高度文字化的社会中,我们听的少了,看得多了。再说说两个名字发音的相似之处,首先,我们注意到这两个单词都含有两个音节,其次,这两个单词的重音都在第一个音节,最后,两个单词的第二个音节是一样的。如此看来,这两个单词唯一的不同就在第一个音节。

在这里,我想提一下英语的元音系统。我们都在学校学过英语的五个元音:a、e、i、o、u。学校里没有教的是,这五个元音仅适用于文字体系,并不适用于发音体系。这五个元音实际上是五个元音符号。英语的元音不止有五个,其总数将近20,具体数量取决于说话者使用的方言种类。例如,字母“a”这个英语中最常见的元音符号,它的发音包括:all、at、aim、feat、fear、dialogue、quality、prepare、can(不重读),等等。正是因为正字法十分复杂,才导致许多辛勤的英语老师心力交瘁。为了方便了解英语元音,语言学家将元音放在了一个坐标轴上。纵轴按照舌位的高低将元音分为高元音、中元音和低元音,横轴按照发音部位将元音分前元音、中元音和后元音。例如,“Peter”一词的第一个元音就是高、前元音。发这个元音时,舌尖在口腔内较高和较前的位置,就在牙齿稍后的位置。其他所有元音也可以按照这种方式进行分类。例如,“boot”一词中元音就是一个低、后元音,发音时舌头收缩,位于口腔内较低的位置。我们再看看“Ronnie”这个词,第一个元音“o”是一个开后元音。我们在读“Ronnie”和“Ernie”或者这两个单词的第一个元音时可以发现,两个单词的第一个元音“o”(开后元音)和“er”(开中元音)的发音位置距离并不远。图 21.1 的元音表(由国际语音学学会提供)清楚地向我们展示了这一点。

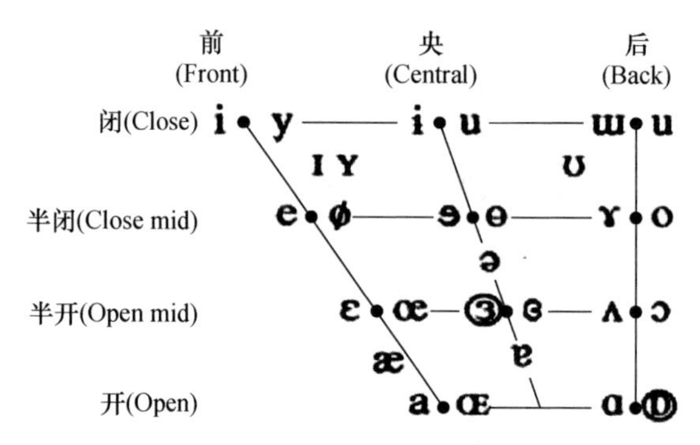

图 21.1 国际语音学协会(IPA)元音图

注:目标元音已圈出,IPA 版权所有。

在图 21.1 中,目标元音“Ronnie”的“o”(图的右下方)和“Ernie”的“er”都已圈出。我们可以看到,这两个元音的位置在元音表上相隔不远。

事实上,听音者容易受到各种因素的影响。这会造成更严重的听音混淆,其中包括难以区分信号(我们想听到的声音)和噪音(我们不想听到的声音)、协同发音现象(即目标发音混杂着其他发音),以及诸如疲劳等主观因素。此外,我认为,录音中那个人听起来像是在说“Ronnie”的,其实说的是“Ernie”,他说的是英语的一种方言,在这种方言里,/r/没有重读。对于说英语的人而言,需要卷舌发出的/r/音,我们称之为卷舌“r”或卷舌音。在这个男性说话者的例子中,他说的那种方言在发“r”音时没有卷舌。因此,在快速的交谈中,“Ernie”和“Ronnie”甚至是“Rinnie”或“Arnie”这几个词听起来差别都不大。“Ernie”和“Ronnie”这两个词的第一个元音都在向“n”音过渡,因此两个名字听起来更为相似。实际上,我认为听起来像“Ronnie”的发音的第一个音素与其说是/r/音,不如说是一个正在过渡中的元音。此外,“r”和“n”的发音在口腔内位于同一位置——接近齿槽的边缘,位于门牙上方后面的位置。所有这些因素都是造成听音混淆的原因。

然而,我认为只有局外人才会出现听音混淆,对话的参与者并不会出现混淆的状况。作为“旁听者”,我们不了解谈话的所有相关语境因素,实际上,录音中提到的名字不管是“Ronnie”还是“Ernie”,通常情况下对我们来说都没有什么意义。然而,对话的参与者了解语境因素,所以能在对话时辨别对方说的意思。因此,虽然录音中嫌疑人说了一个听起来像“Ronnie”的名字,但同他交谈的警察却没有发表任何意见或者询问任何信息。嫌疑人在几分钟内多次提及“Ronnie”,如果有任何疑问,警察肯定会有所表示。说英语的人都明白英语的语言规则,包括某些单词该如何发音。然而,作为一个人,我们的发音容易受到各种限制,所以我们经常会出现发音错误。诸如注意力不集中、年龄大、疲劳、激动等各种因素都会导致我们发音错误。舌头位置或是发音时间的稍微变化也都能让“Ernie”的发音听起来像“Ronnie”。如果两个说话者彼此相识并经常交谈(本案中的警察和嫌疑犯就是如此),说话速度变快、不太注意发音都是正常的。这说明说话者彼此之间很熟悉。

在录音中,男性嫌疑人说“……朝着欧尼的窗户来一枪(... put a bullet through Ernie's window)”,被告辩解称他实际说的是“……朝着罗尼的窗户(... through Ronnie's window)”。但我指出,造成混淆的原因是,嫌疑人在说话时没有重读“through”一词的元音,并且直接过渡到了“Ernie”的元音“er”。图 21.2 是这句话的声谱图,下方还标注了语音符号。

也就是说,虽然听起来像是“through Ron-”,实际上却是“through Ern-”。但这里有一点比较特别,“Ernie”一词没有重读音节,而且两个单词的元音之间没有辅音,所以当第一个元音过渡到第二个元音时,共振峰没有出现太大变化。“through”一词的元音是与“er”连在一起发音的,所以更容易让人混淆“Ronnie”和“Ernie”两个词的发音。

另外,我还对录音带中有争议和无争议的部分进行了多次声谱测量,结果显示共振峰数值总体来看与开—中元音较为一致,而非开—后音。我还研究了说话者发 /r/音的方式,发现其 /r/的发音在声谱图上相当固定。综上,我认为本案中有争议的那个词实际上是“Ernie”,被大家误听为“Ronnie”。被告没有反对我的观点,而嫌疑人欧尼(Ernie)也被判以同谋罪。

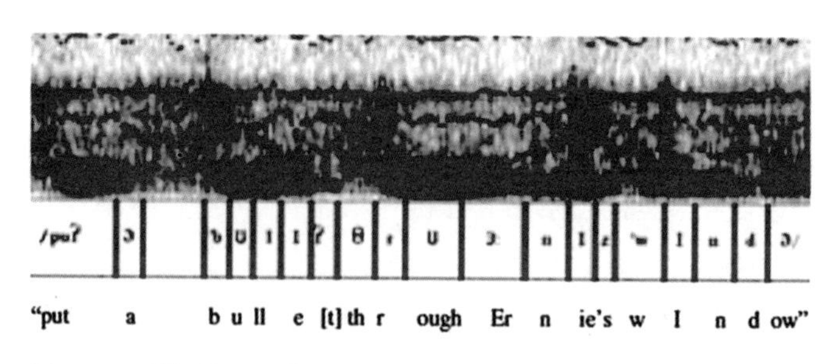

图 21.2 “朝着……来一枪(put a bullet through ...)”的声谱图

22. 证人说……但是他说的有用吗？

本案涉及两个问题：那个年轻人是不是谋杀案的目击证人？他给警方提供的证据是否可以被法庭采信？在谈这起案件的来龙去脉之前，我需要解释一下苏格兰法中关于如何从证人处获取证词的规定。首先，我们要了解苏格兰法的一个专用术语——“预知程序(precognition)”。案件双方在展示证据的准备阶段，有权询问潜在证人，以获取证词，无论这些潜在证人报告的事情对案件各方有利还是有弊。在庭审前从证人处获取证词的这个过程就被称为“预知程序”，这个术语是从拉丁语简单翻译过来的，意思是“预先知道”。预知程序证词的关键之处在于它是保密的，并且可能不会用于庭审。之所以不用于庭审，是因为这种证词向来被人们视为不可靠的，而且律师和警方能够通过预知程序从证人处获得证人知道的或声称知道的不宜公开的证词和秘密。

法官克拉克·汤姆森勋爵在1958年Kerr vs. H. M. Advocate 1958 JC 14一案的判决中提到了预知程序证词的可采性问题。克拉克法官在提到预知程序问题时说：“……在预知程序中，无法确定获得的证词是潜在证人说的原话，且未经改动。证词是经过他人过滤加工的，他们的任务就是按照自己的想法，将证人的证词以合适的形式用于诉讼程序。因此，预知程序往往会对证词产生影响。预知人(precognoscers)一般来说都是抱着积极的心态去获取证词，认为自己得到的证词肯定都是对自己有利的。”我们可以看到，克拉克法官比较关心预知程序证词的可靠性和公正性。如果预知程序证词不够可靠或公正，那怎么能用于庭审呢？最近发生在苏格兰的一桩谋杀案件中，就涉及这个问题。

格拉斯哥[1]是城南一家很受欢迎的社交俱乐部。这家俱乐部氛围很好，是个喝酒的好去处，同时还承办各种类型的家庭聚会，尤其是在周末。几年前的一个夜晚，俱乐部里宾客如云，热闹非凡，大约晚上 11 点 30 分，一群人吵了起来。尽管没人了解争吵的原因是什么，警察认为可能和苏格兰最近发生的一起谋杀案有关——此前有个人在另一座城市的酒吧里被枪杀了。在争吵的过程中，一个名叫约翰·麦克切斯尼的男人被人刺伤。俱乐部员工立马拨打了 999，急救车赶往了现场。由于格拉斯哥俱乐部分为几个包间，许多人都没有意识到发生了什么事情，唱歌的人还继续愉快地唱着歌。麦克切斯尼先生随即被送往了格拉斯哥医院，经抢救无效后死亡。与此同时，警察记下了刺杀现场所有人的姓名和住址，制成了讯问名单。第二天，一名高级调查员被指派来调查此案，并在警察局里设了专案调查室。几天后，19 岁的吉米·迈克波特向警方提供了证词。迈克波特称，当晚事发时，他去了俱乐部的卫生间，当时卫生间一个人也没有，他在卫生间只待了几分钟，刺杀案发生后才回到了俱乐部继续和朋友一起喝酒。他说自己当时根本没有意识到有人被刺杀，直到警察到场他才知道。与此同时，警方继续对案件进行调查，随后逮捕了哈里·爱丁堡，并以谋杀罪对其提起指控。另一方面，警方与死者家人取得了联系，并与麦克切斯尼的兄弟霍华德见了面，霍华德对警察说他的侄子彼得·麦克切斯尼与朋友吉米·迈克波特一起喝酒时，迈克波特说自己其实看到了哈里·爱丁堡拿着一把刀进入了卫生间，还把刀上的血迹冲洗掉了。彼得·麦克切斯尼还说,迈克波特说自己看到了一个名叫布莱恩·詹姆斯的男人当时就在卫生间门口放哨,防止有人进到卫生间看到爱丁堡拿着刀。

得知这个信息后,警察再次对吉米·迈克波特进行了讯问,主要是想填补第一次讯问中的漏洞。讯问吉米·迈克波特的警探发现,吉米有学习障碍,虽然看起来比实际年龄小很多,而且还有酗酒问题。第二次审讯的时候,吉米不知道哈里·爱丁堡已经因涉嫌谋杀而被警方拘捕。在英国的大部分城市,讯问过程通常会用录音带录下来,苏格兰却不一样,所以我不知道吉米·迈克波特在提供证词时有没有被人警告要说实话。但在调查的这个阶段中,迈克波特还是一名证人,所以他可能没有被警告过。

警方告诉迈克波特,他之所以要接受第二次讯问是因为警方掌握了新的信息,也就是迈克波特对约翰·麦克切斯尼的儿子说,看到爱丁堡在卫生间里冲洗刀上的血迹。第二次讯问的形式没有什么争议,警察问问题,迈克波特回答问题,然后警察告诉迈克波特他们要记录的内容。讯问迈克波特的警察称,迈克波特对所记录的内容没有异议。就这样,警方根据讯问内容整理了一份证词,吉米·迈克波特在证词上签了字。在讯问过程中,迈克波特显然是不情不愿的。警方表示,他们不得不给迈克波特施压才让他说出事情真相,但他们没有强行逼供。就这份证词来看,迈克波特最终承认自己见过爱丁堡拿着刀,也看到布莱恩·詹姆斯在门口放哨防止有人进入卫生间。在讯问最后,警察向迈克波特宣读了他们记录的证词,并询问他是否想要更改任何内容。迈克波特没有说自己想更改证词。当警察问他为什么没有早点说实话时,迈克波特说他害怕哈里·爱丁堡。

在庭审过程中,迈克波特的辩护律师提出了不让迈克波特的证词纳入证据项的动议。辩护律师指出,迈克波特的两份证词完全是以不同的形式获得的,第一份证词基本上逐字记录,而第二份证词则是从问题和答案中整理出来的。因此,问题可以归结为:第二份证词的作者到底是谁。辩护律师称,第二份证词的内容有多少是吉米·迈克波特自己说的,有多少是警察说的,根本无从得知。在辩护律师看来,在对迈克波特进行第二次讯问之前,警方显然已经有了爱丁堡就是嫌疑犯的主观偏见。因此,他们在获取证词时无法保持客观的态度。显然,迈克波特经历了"预知程序"。因此,由于缺少可采信的证词,警方也就没有证据对迈克波特提出指控。证人证词的确不需要精确到每个字眼,但获取证词的方式必须公正,这样的证词在法庭上才具有可采性。辩护律师称,在此案中,证词的获取方式并不公正:警方事先已经向迈克波特说了他们掌握的情况,就算迈克波特同意警方说的话,这跟证词可否采信也没有任何关系。法官批准了辩护律师的动议并驳回了此案。

刑事法庭对此提起了上诉,给出的主要理由是原审法官对法律的解读出现了错误:证据是否具有可采性与证据是否是在预知程序中获得的已经不再相关。刑事法庭的法官援引了Thompson vs. Crowe一案中法官杰纳勒尔·罗杰勋爵在案卷第192页至第202页的话,杰纳勒尔法官表示,假设案件的事实明确,那么证据在庭审中是否具有可采性则是需要法官来解决的法律问题。也就是说,应由法官来断定预知程序是否对证词的可采性有任何影响。在讨论是否批准刑事法庭上诉请求的初步听证会上,法官们讨论的主题有三:一是预知程序的定义,二是预知程序证词不具有可采性的例外,三是如何定义证词这一棘手的问题。从理论上说,证词是指证人或嫌疑人针对违法行为的任何言论。然而早在19世纪50年代,法官就一贯认为预知程序证词不具有可采性。在19世纪60年代的一次破产听证会上(Emsile vs. Alexander),法官们争论的焦点是:破产者在之前的司法审查中说的话是否具有可采性。这是法庭否认预知程序证词具有可采性的最早先例。吉米·迈克波特案的原审法官就引用了这一案例。然而,上诉法官关注的问题与预知程序证词的可采性没有多大关系,他们更关心的是预知程序证词的构成以及“证词”一词的定义这些更为基础的问题。

上诉法官们认为,证词的基本类型有三种:一种是案件一方从潜在证人处获得的,一种是警察在调查案件时获得的,还有一种是在单方面听证会(无须案件双方到场的听证会)上证人宣过誓后说的话。第一种证词是案件双方从潜在证人处获取的证词,即预知程序证词,通常情况下不具有可采性。第二种证词指的是警察经地方检察官(检察官)或高级警官批准,为了调查犯罪而收集的证据。如果警察收集的证词适用预审程序证词规则,则会对刑事调查产生严重的影响。但上诉法官表示,警察获取的证词显然不能被归为此类。被告的论点是,警方已经就此案进行调查,所以警方获取的证词肯定是预审程序证词,但上诉法官没有认同这一点。上诉法官随后提到了吉米·迈克波特第二份证词的结构问题。这份证词显然是叙述形式的,看起来就像是迈克波特对警方说了一个故事。然而,所有人都知道也承认这份证词源于一系列的问题和回答。难道因为这个原因就判定这份证词不具有可采性吗?假如警方获取证词的过程对证人(或被告)来说是公平公正的,那么就算将问答式的证词转化为叙述性的证词,也并不意味着这份证词会自动失效。

因此,法官裁定允许上诉,意味着吉米·迈克波特可能会因伪证罪接受审判。在我的报告中,我提出此案的问题不在于第二份证词,而在于第一份证词。我不明白迈克波特为何会在第一份证词中说去过卫生间但没有看到人,也没有看到任何人进出卫生间。警察为什么会问他这个问题呢?为什么迈克波特会主动说出这些话呢?自发的否定断言必定是可疑的:主动说一些没有发生的事情。这一点十分不正常,除非有特别充分的理由。我认为警察肯定是问了迈克波特这些问题,但我不知道他们为什么这么问,除非警察事先知道迈克波特去了卫生间。我还提到迈克波特的理解能力肯定有问题,这是因为我同迈克波特见面聊过一次,开始时我是这样问他的:

Q: Jimmy, would you just give us a little bit of information about yourself, tell us your date of birth where you were born ... your age ... stuff like that.

A: Born Glasgow, date of birth's fifth of the fourth 1985, currently staying at Govan, it's just a temporary house I'm maybe getting another one tomorrow.

【译文】

问:吉米,你能跟我们聊聊你自己吗?你的出生日期、出生地、年龄等等都可以。

答:出生于格拉斯哥,出生日期是1985年4月5日,现在住在戈万,也就暂时住那,可能明天就搬走了。

我问了他的年龄,但他在回答中没有提到自己的年龄。我还问了他其他一些问题,但他都没有回答完整。我问他麦克切斯尼先生被杀那天(那个对他造成深远影响的日子)他在做些什么,他毫不犹豫地回答说自己整天都在跟朋友喝酒,但当我问到这些朋友的名字时,他却答不出来,尽管他在证词里提到了这些朋友。我问他遇到麦克切斯尼先生的那天有没有见过其他朋友,他想不起来事发的俱乐部名字,但能说出一些相关细节,不过也就是泛泛之言,比如俱乐部里有“台球桌”“吧台”等等。听起来他似乎经常去这种俱乐部,平时喝酒的地方好像也都长这个样子,所以我怀疑他的描述不是自己真正的回忆,很有可能是他记忆中一般俱乐部的样子。我猜想,或许他理解文字的能力比理解口语的能力好一些。

在与吉米见面前,我准备了一份免责声明,有了这份免责声明,我就能与吉米进行交谈并录音。我需要考虑这个问题,因为在之前的讯问中,迈克波特在警方掌握的每页证词上都签了字。一般人认为他既然签了字,就说明他完全了解自己签的内容是什么。因此,我自己又“杜撰”了一封授权书,让吉米签字同意我与他进行交谈并录音。一共有两个版本的授权书。第一个版本内容如下:

Glasgow, Wednesday, 23 May 2007

My name is Jimmy McBurt. I hereby grant permission for my voice to be recorded and the recording to be used in any appropriate way for my court case.

【译文】

格拉斯哥,星期三,2007 年 5 月 23 日

我的名字叫吉米·迈克波特。特此声明,我同意我的声音被录音,且这份录音可以以任何合适的方式用于我的庭审。

然而,第二个版本有许多故意写错的地方,措辞混乱,其内容如下:

Glashgow, Weddingsday, 23 May 2007

My namne is Jimmy MoBurt. I hereby can't permission for my vote to be recorded and the re-coding to be misused in any inappropriate way for my count cage.

【译文】

格拉斯官，星其三，2007 年 5 月 23 日

我的名子叫吉米·万克波特。特此声明，我不同意我的声因被录音，且这份录因可以以任何不合适的方式误用在我的廷宙上。

我让吉米看了一下这两个版本的授权书，告诉他同意的话就签个字。我看着他仔细研究了两份授权书，我问他这两份授权书是否一样，他拿着两份授权书对比着看了看，然后点了点头，在两份授权书上都签了字。迈克波特的法定代理人事先对此表示同意，并亲眼看着迈克波特签了字。吉米·迈克波特没有看出第二份授权书中的任何错误，甚至把他的名字写成"Mobert"，把"Glasgow"写成了"Glashgow"都没有看出来，而且这份授权书还能让我以任何"in any inappropriate way(不合适的方式)""误用(be misused)"他的录音。虽然这么"利用"迈克波特不大好，但我认为这些问题直接关系到他理解书面语言的能力。撰写这两份授权书时，我尽量用最简单的形式提供必要的信息。经过这次测试，我了解到迈克波特连一份只有两句话的文件都搞不明白，那他肯定也无法理解那份十页纸的证词在说些什么。

因此，与上诉法官的观点相反，我认为此案中证词的作者身份是个问题。我认为，如果一个人没有能力理解相对简单的问题，或者没有能力发现书面语言中的基本错误，那这个人也无须

对自己与其他人协作完成的语言负责。我并不是说此案中的警察在讯问时有恶意欺骗的嫌疑,相反,有证据显示他们很同情吉米·迈克波特的困难之处,还不遗余力地帮助他理解。不过,我认为他们没有意识到迈克波特在否定自己不赞同的说法方面有多大的困难,也高估了迈克波特理解事情以及串联事件的能力。迈克波特在法庭上看似能够回答检方的问题,但法庭上的谈话完全不同于警察局的对话,尤其是询问和回答问题的方式。若说律师具备某种其他人没有的能力,那应该就是他们能够用一个个看似简单(实则不然)的基本问题来编织一个故事。他们先假装自己毫不知情,然后慢慢地用一个个问题来编织证人的故事。他们从来不会同时询问两个问题,一次只问一个问题,在问下一个问题之前还会稍作停顿。他们会仔细剖析每个要点。警察以前在讯问时也会这么做,但区别是,警察的问题是开放式的,任何答案都可能。事实上,讯问的问题只有是开放式的才算公正。律师的问题却不是如此,律师的问题通常只有两个答案,是或否,不可能含糊其辞。至于其他类型的问题,律师基本上都是提前掌握了问题的答案,而且答案通常都是某一个时间、某一个地点、某一个人或某一个行为。同样,利用这种方式来构建故事架构的时候,也要严格遵守每次只问一个问题的原则。因此我认为,迈克波特在证人席上的表现并不意外。问题的答案都很清楚。那天晚上他是否去了俱乐部?是。哪个俱乐部?格拉斯哥。他是和其他人一起去的吗?是。谁?他朋友的爷爷。他是否喝酒了?是。他是否看到过麦克切斯尼先生?是。警察是否去了现场?是。警察是否讯问了现场的每个人?是。

我认为问题的重点不在于吉米·迈克波特是否说出了真相。在这种案件中,由于一个人没有能力理解复杂的叙述,因此他不可能是这段叙述的唯一作者,于是真相就在于作者身份的问题中。因为如果这个人不对其证词内容负全部责任，那这个人也无法确保这份证词的真实性。讯问记录的内容可能是事实，但迈克波特不是提供这一证词的唯一作者。因此，当迈克波特站在证人席上，法官让他就在警察局说的话进行辩解时，他说不出来。上文有关迈克波特书面回答和口头回答的例子明确说明，迈克波特没有能力理解或者清楚表达复杂的问题，没有办法专注于一系列事件，也无法联想抽象的概念。简而言之，他不是证词的唯一作者，甚至不是最重要的作者。基于此，我认为他的证词应该从证据中排除。

上诉法官却不这么认为。吉米·迈克波特目前正因伪证罪服刑，刑期三年。

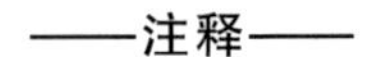

1. 所有地名和人名都已更改。

23. 人口贩卖和创伤语言

随着东欧剧变和欧盟东扩，许多东欧国家慢慢开始向西欧国家开放，欧洲人能够更加自由地来往于欧洲各国之间，人口的流动性也相应提高。不幸的是，这也意味着起源于一些东欧国家的犯罪活动数量随之增高，特别是在毒品走私和人口贩卖方面。这些年来，我一直都在参与此类案件的调查研究。为了保护受害者的隐私，在这里我需要更改涉案人员的姓名、案件发生的区域以及其他细节内容。此外，我还把一系列的案件压缩成只涉及两名女性的故事，从而避免有人辨认出具体的案件。

在东欧国家卡拉斯塔[1]，年轻人的失业率非常高，这也是东欧部分区域长期存在的问题。许多失业的年轻人因此纷纷涉足黑恶帮派，试图从其他人的痛苦中获得利益。牟取暴利的一种恶劣方式就是贩卖人口，强迫女性卖淫。1999 年，来自卡拉斯塔首都伊夫德福的一个年轻女孩卡特琳娜遭到了邻居抢劫。当她把此情况报告给警察时，警察说卡特琳娜完全是在浪费他们的时间，还非常粗暴地把她逐出了警察局。“如果你想找个男人过夜的话”，其中一个警察对她说，“尽管给我打电话”。几天后，她被殴打了一顿并再次遭到抢劫。她有一个 3 岁的儿子要抚养，她的丈夫前一年为了追求其他女人抛下了她们母子。然而不久之后，好运似乎降临到了她的头上。一天，她从工厂下班后正走在回家的路上，一辆汽车停在了她面前，汽车司机提出要载她一程。这个司机名叫罗曼，看起来二十五六岁的样子，长相很是讨人喜欢。卡特琳娜开心地接受了他的邀请，后来不知怎么的，罗曼几乎每一天都会来接卡特琳娜下班。作为回报，卡特琳娜会给他做饭，帮他洗衣服，两个人很快成了朋友，但他们的关系也就止步于此。有一天，罗曼给卡特琳娜找了一份工作，他告诉卡特琳娜这份工作不在卡拉斯塔，而是在英国。他说他的好朋友想要找一个管家。这对夫妇在英国的房子很大，丈夫年纪大了，而且妻子也需要有人陪伴。卡特琳娜去了以后有自己的房间，可以自己开车去购物，还能时不时地邀请朋友过去做客，而且如果一切顺利的话，她的儿子也能和她住到一起。这听起来简直是太美妙了。

卡特琳娜猜想这份工作背后说不定有什么陷阱，便问罗曼自己需要准备些什么。罗曼说她只需要做好去英国的心理准备就够了，他会安排好整个行程，他还需要一张卡特琳娜的照片发给那对在英国的夫妇。此外，罗曼还表示，自己会先帮卡特琳娜垫付交通费用和所谓的"安排"费，卡特琳娜拿到工资后需要还钱给他，这笔费用不多，毕竟她在英国当管家挣的钱肯定比在卡拉斯塔的工厂挣得多。所以卡特琳娜同意了。同时，罗曼让卡特琳娜告诉她在工厂的一个朋友，他帮她在伦敦一家高级餐厅找了一份服务员的工作。卡特琳娜同意了，很快便找了一个更加年轻的同事玛利亚。与此同时，她说服她的母亲在她外出打工的时候帮她照看她的儿子。很快，卡特琳娜和玛利亚便拿到护照前往英国。让她们感到奇怪的是，在她们将要进入德国边界的时候，有人把她们塞进了一辆装满水果和蔬菜的卡车后面，还让她们不要说话，想到这是自己和儿子拥有美好未来的唯一出路，卡特琳娜也就没有说什么。同卡特琳娜和玛利亚一起的还有几个年轻的女性，一群人很快到了法国。在法国加来，有人收走了她们自己的护照，给她们发了新的护照，新护照显然是伪造的，不仅名字变了，更让人惊恐的是护照的国籍也变了。

然而，抗议是没有用的，因为有人对她们说，她们每个人都欠为她们安排行程的“组织者”几千英镑（之前并没有人跟她们说过这件事），还告诉她们要牢记新护照上的信息，以防有人问起。整个过程，从她们离开卡拉斯塔开始，可以说是极具计划性。一路上她们遇到的人有德国人、法国人、荷兰人和比利时人。最终她们顺利到达了英国。海关人员几乎看都没看她们的护照就在护照上盖了章，放她们通行。通过海关之后，她们碰到了一对友好的夫妇，这对夫妇开车把她们载到了英国北部的一座城市。当她们到达目的地时，夜已深了。她们每两个人被分成一组，然后被带到了一间公寓里面。卡特琳娜抗议说这不是她找的工作，但却因此差点遭到殴打。

玛利亚出手制止了要殴打卡特琳娜的人。玛利亚的工作地点本该是在伦敦，但在当时的情形下，她估计还不知道这里不是伦敦。这群女孩还没来得及收拾行李，“老板”就到了。一看到老板，她们立马感到有些害怕。老板让她们坐下，因为自己有消息要告诉她们。“这就是你们以后住的地方”，他说，指的就是只有一间卧室的公寓，“每天我都会送男人过来见你们。你们要对他们言听计从。出门之前必须跟我打电话报告。如果我过来没有看到你们，发现一次罚款 50 英镑。每个星期你们都要付 200 英镑给我来还债，除此之外，你们挣的一半都归我，剩下的钱归你们自己”。慢慢的，女孩们意识到自己成了妓女。“老板”让她们“不要拒绝”，“否则后果自负”。他停顿了一会儿，然后说，“之前的确有一个女人试图反抗，我也不知道她现在在哪里，但我肯定她没有什么好日子过”，他话中带着威胁的意味。

他好像是知道卡特琳娜心里在想什么，他说：“别想去找警察。英国的警察都严厉得很。他们肯定先把你们抓起来关上五年再把你们送回家。这样一来,你家里人都知道你当过妓女。”他点燃一根香烟。“你们的债还清了,帮我把钱挣够了,我会放你们走的。把你们弄到这里麻烦得很,最好不要让我失望。客人让你们做什么,你们都要乖乖听话。如果你们表现得好,我每个月给你们放一天假。但如果你们不乖乖配合的话,不仅要罚款,假期也别想了。好好配合,万事大吉。”

老板离开后,这群女孩感到震惊不已,一时间手足无措,仿佛陷入绝境之中。她们对英国一无所知,也不敢想象警察会同情她们的遭遇。一想到要在异国他乡坐牢,她们就恐慌不已。一番思想斗争之后,她们决定乖乖配合。第二天一大早,老板众多手下之一带了两部手机过来。老板用这两部手机跟她们联系,告诉她们新“客户”什么时间上门。电话铃声时常响起,来的客户各种各样,什么年龄的都有,想让女孩们满足他们的各种性幻想,包括捆绑、鞭打等等。她们什么客户都会遇到,什么要求都会碰到,老板也常常会虐待她们。每个周五,老板会来收房租、债款以及她们一半的收入,所以无论接了多少客户,每次的收入都所剩无几。有些客户还会跟老板告密,告诉老板自己付了多少钱。因此,女孩们不可能谎报自己的收入。不过价格反正是固定的。她们不得留下任何小费。在九个月痛苦不堪的时间里,她们任凭老板使唤,不敢出门,不敢跟陌生人说话,更不敢有任何抱怨。终于有一天,老板说她们可以回家了。他说她们已经还清了债款,而且她们看起来已经“不新鲜了”。“没人想和你们睡觉了”,他对她们说,“你们已经过期了”。尽管老板说的话很伤人,但这一天却是她们生命中最快乐的一天。第二天,她们便乘飞机回到了卡拉斯塔。

回到家之后,女孩们决定报警,希望警察能逮捕罗曼这个人贩子。可说起来容易做起来难。尽管警察表面上看起来很友好，对她们的遭遇也深表同情，他们却没有逮捕罗曼。一天，一名警察来到了卡特琳娜家对她说，罗曼的一些朋友颇有“权势”，警方对他也无可奈何。不久后，玛利亚打电话告诉卡特琳娜要小心，因为玛丽亚被人狠狠殴打了一顿，那些人警告玛利亚不要再找警察。两天后，两个男人强行闯入了卡特琳娜的家，当着孩子的面把她痛打了一顿。之后接连几天，卡特琳娜都会接到陌生人打来的电话，警告她最好闭嘴。卡特琳娜吓坏了，跑到了母亲家里避风头。不久后，玛利亚出现了，说她们现在留在卡拉斯塔不安全。经过一番讨论，她们决定回到英国寻求庇护。因为担心自己有性命之忧，她们想法子离开了卡拉斯塔，坐上了开往伦敦的飞机。在入境口岸处，她们讲述了自己需要寻求庇护的原因，然后获得了入境的许可。她们也明白，有人会来调查自己说的话是否属实。

我就是这个时候知道这件案子的。处理此案的移民机构让我对比一下这些女性对移民局工作人员讲述的她们第一次到英国的原因以及她们离开英国回到卡拉斯塔时对当地警察说的话。移民机构考虑的一个问题是，这些女性的证词似乎不带任何感情。他们认为，如果这些女性曾被迫卖淫，她们的反应应该会比较激烈，并会在证词中表达出这种情绪。第一次看到证词时，我也有同感。例如，卡特琳娜描述她进入英国的情形时是这样说的：

> 我们坐着一艘船来到了英格兰。到达的时候已经是夜晚。一个工作人员在我的护照上盖了章，我通过了海关。然后我见到了一个男人和一个女人。他们开车把我带到了X市。然后我和我的朋友被分配到了一间公寓。一会儿过后，雇主来了，跟我说了我的义务。他告诉我们要向他还债，所以我们必须当妓女，因为没有其他工作可供我们做。

> 我们决定听从他的话。

不得不说,我同意移民机构的看法。这段话确实没表现出什么情感或情绪。我猜想这可能是翻译的原因。或许是翻译这段话的人更习惯于翻译政府官方文件,而不是人们的日常交流?我决定委托别人重新翻译一遍,翻译人员可以由我自行选择,所以我选了一名曾在卡拉斯塔工作过几年的英语专业毕业生。然而,让我感到惊讶的是,第二份译文与第一份译文在语气上没有多大区别:

> 我们乘船来到了英格兰,到的时候是晚上。一名工作人员在我的护照上盖了章,然后我通过了海关。在外面,我遇到了一对夫妇,他们载着我来到了X市。玛利亚和我被分配到了一间公寓。很快,我们的雇主来了,他告诉我们要做的事情。他说我们需要还债,而且我们必须当妓女,因为没有其他工作可以做。我们决定服从他的话。

我看了证词的其他部分,语气也都比较相似。例如,当提到罗曼在卡拉斯塔向她提供的工作岗位时,卡特琳娜对卡拉斯塔的警察是这么说的:

> 罗曼告诉说我能在英格兰过上好日子。这份工作是在一个郊区住宅里当管家。他说这份工作很好。他说我很快就能挣够钱把我的儿子带到英格兰。我的儿子在那里能受到更好的教育。我不知道我要当妓女。他们告诉玛利亚她能当一名服务员。他们说是在伦敦的一家高级餐厅。

这段话跟卡特琳娜对英国移民机构工作人员说的话没有多大差别:

> 他们之前没有说过要当妓女，我是不会同意当妓女的。罗曼对我说这份工作很好，是在人家里干活。他说我是去做管家，薪水待遇不错。我还能让我的儿子过来跟我一起住，他还能在英格兰上学。

移民机构在处理卡特琳娜的庇护要求时需要解决两个问题。第一个问题与语言学没有直接的关系，即这些女性在回到卡拉斯塔后是否真的受到了暴力或死亡威胁。第二个问题是，这些女性对英国移民机构说的话是否与她们对卡拉斯塔警方说的话一样。

从严格意义上来说，语言的真实性不是语言学上的问题，但个人叙述和话语的结构却是语言问题。马丁和萝丝(2003:22—23)[2] 是两位承袭韩礼德(M. A. K. Halliday)研究成果的话语分析家，他们的研究重点之一就是分析人类针对积极或消极经历的态度是如何形成的。他们认为，个人叙述的内容源自个人自身经历，有一个中心内容，中心内容由一个鉴定评估系统构成。马丁和萝丝称，“我们根据评估和鉴定来形成我们的态度，并使用语言来协调这些态度。这一过程的一个重要组成部分就是我们的感受以及我们如何表达自己的感受”。马丁和萝丝认为，人们在讲述真实的个人故事时会使用语言表达内心的感受，但我认为他们的观点不适用于此案，我将对此进行简单的介绍。正如上文所述，我关心的是这些女性的叙述为何几乎不带任何感情色彩，这也是移民机构认为她们的话可能不可信的原因。考虑到许多前往异国寻求庇护的人都遭受过创伤，我好奇是否有人专门研究过这些人在说话时如何表达情绪。

从出生地或居住地所在国逃到其他国家的人叫“难民”。近年来，这一术语有了一个更客观的替代词——“寻求庇护者”。“难民”这个词似乎暗示了一点——人们逃离危险是可以理解的事情。现在，“难民”这个词很大程度上被“寻求庇护者”这个词替换了，至少在欧洲是如此。也就是说，受害者不再是逃离危险，而是寻求庇护。纯粹从语言学角度来看，我认为这等于是说寻求庇护的人和移民现在负有证明责任，要证明自己有权获得难民的身份以及有充分的理由逃离迫害。通常情况下，这类人群需要在经历极大创伤的同时证明自身经历的真实性。约翰·威尔逊(John Wilson)和鲍里斯·乔兹德克(Boris Drozdek)[3] 是评定难民创伤领域的先驱人物，这些难民可能是战争的受害者，也可能是其他寻求庇护的人。威尔逊和乔兹德克指出：

> 寻求庇护者、难民、战争受害者和遭受虐待的受害者一直任凭命运的摆布……他们背井离乡，来到外面的世界寻找庇护……作为战争、政治动乱或者灾祸的受害者，他们从自己熟悉了解的家乡来到一无所知、文化陌生的国度。(威尔逊和乔兹德克，2004：3)

威尔逊和乔兹德克表示，在现代社会，成为难民后在异国寻求庇护对很多人来说是一件丢脸且痛苦的事情。对他们来说，首先要证明自己需要庇护这件事的痛苦程度并不是最低的。整个过程常常会让许多人“精神崩溃”(威尔逊和乔兹德克的说法)，他们失去的不仅仅是他们的家园和根基，还有他们的文化、与家人的联系，以及(从语言学的角度而言)他们的语言环境。对于他们来说，黎明的时候坐在点着霓虹灯的房间里啜饮着塑料杯里的咖啡，向工作人员叙述自己的经历，这并不是一件容易的事，要是语言不通，需要借助翻译人员来沟通，而且翻译人员态度冷漠，那情况就更糟糕了。

之前我曾想到一点，我们不应该按照自己的文化价值标准来评判这些女性的证词。我们可能误以为她们就应该对警察和移民机构工作人员直言不讳,说出自己内心非常私密的感受和反应。即便是在她们自己的文化环境中,这种事情可能都难以启齿。我注意到,处理此案的卡拉斯塔警察和英国移民机构工作人员都是男性,这或许会让事情变得更加糟糕。这些年轻女性不仅要对陌生人敞开心扉,而且这些陌生人还都是年纪与她们父亲相当的男性。如何能与这些人讨论私密的事情呢?何况这些人还听不懂她们说的话。我们一贯认为语言仅仅是一个"交流系统",但语言远不止如此。语言是我们交感系统(情感、情绪和反应)的一部分,也是我们认知系统的组成部分。当我们在说话时,我们表达的不仅仅是我们的想法,更是我们的感受。但如果因为遭受创伤而无法表达感受,那么表达不出自己的想法也就不足为奇。有趣的是,自从《精神病诊断和统计手册》(DSM-IV)[4] 一书出版后,创伤的定义就变成了受害者受到的影响,而不再是一个"客观事件"。[5] 也就是说,受害者的创伤鉴定现在成了心理学等领域的评估内容,不再由社会、政客或"专家"机构来定义创伤的含义。

创伤造成的常见的语言性和社会性影响有:受害者疏离寡言、长时间沉默、表达不清楚以及难以与他人交流("处于游离状态")等症状。[6] 看了这些被虐待女性的证词,虽然我不能肯定,但我觉得她们的语言平淡无味、毫无特征是一件不可避免的事情。即便她们的文化背景与我们相同,想要表达出自己的感受(甚至愿意通过翻译人员向陌生的异性工作人员坦白自己的感受),她们经历的创伤很可能还是会严重影响到她们所说的话。

在上文中,我提到了马丁和萝丝关于情绪在个人叙述语言中作用的研究。他们的书主要是围绕一名年轻女性的叙述进行探讨。这名女性生长在种族隔离的南非地区,她从 1994 年以前国大党统治下的南非生活开始讲述自己的故事。她描述了许多惨痛的事件。让我感到诧异的是,她在描述自己所见所感时所用的语言与本案中那些东欧女性使用的语言存在很大差异。下面是这名年轻的南非女性在描述自己被逮捕后遭受虐待时说的话:

> "抵达……警察局后……有人对我大喊,羞辱我……扇我巴掌……用拳头捶打……他们叫我闭嘴……逼问我……说我在说谎……又掌掴我……把我打倒在地上。"在描述在这种情况下她的反应时,她这样写道:"我无法解释我内心的伤痛和苦楚……我已经支离破碎。"(马丁和萝丝,2003:72—75)

我们可以注意到,她的语言具有画面感。尽管她说自己无法"解释内心的伤痛和苦楚",我们还是从她的描述中清楚地了解到事情的经过(我对此没有评价的资格)。我想知道的是,为何这名女性在描述自身经历时使用的语言与本案中被贩卖的女性使用的语言有如此大的区别。

首先,我想说我们不能低估翻译的影响。这名南非女性是用自己的语言(英语)描写自身感受的。她能够做到十分精准,还能够预测自己的语言可能产生的影响,如果她对文字的表达效果感到不满意,她还可以换成其他字眼来表达。卡拉斯塔的那些女性没有办法做到这一点。她们需要借助其他人来传达她们的经历。其次,这名南非女性写这些内容的时候,事情已经过去了很久。从某种意义上来说,她已经从创伤中走了出来,同时也恢复了很多。用语言学的话来说,她已经成功地协调了自己的创伤。此外,她的国家在那时也正在经历和解,因此她是本着和解的态度来描述自己的经历。另一方面,卡拉斯塔的那些女性却要在创伤发生不久后要描述自己的经历。她们还没来得及协调过去的经历,还沉浸在被骗去异国他乡当妓女的创伤之中,施暴者对她们身体上和言语上的虐待就在眼前,她们回到祖国却被攻击,离开祖国却要再次回到英国寻求庇护,这个国家给她们带来太多伤痛,可是她们别无选择,除了英国以外她们也不知道要去哪。尽管她们满身伤痛,却不得不借助翻译向陌生人说出自己的故事。因此,我认为我们在评价他人的亲身经历时要格外谨慎,无论这些经历是法庭上的证据、警察或其他公务人员掌握的证词,还是报纸上刊登的文章。我们总是想当然地认为书中或者新闻媒体上报道的故事就是现实,但不是所有有关痛苦和耻辱的故事都是一样的,不是所有的故事都能像小说一样拥有完美的结局。总而言之,不同文化背景的人处理这些创伤经历的方式也各不相同。

我将这些发现报给了处理此案的移民机构,我还提醒他们,我的观点几乎超出了纯粹语言学的范畴,接近心理学和民族学的领域。我建议移民机构就此案的问题去请教一下心理学和民族学领域有资质的司法人员。在本篇开头我提到,这一篇讲述的故事是一系列案件压缩而成的,这些案件的大部分受害者都花费了几年的时间来完成庇护系统的流程。有些女性还在等待自己是否需要回国的消息。尽管有着世界上最美好的祝愿,庇护系统的正义之轮却始终慢得令人心伤。这些女性遭受的创伤还远远没有结束。

——注释——

1. 显然是虚构的名字。我称这个神秘国家的语言为“卡拉斯塔语”,称这个国家的人为“卡拉斯塔人”。首都“伊夫德福”的名字也是虚构的。

2. Martin J. R. and D. Rose, *Working with Discourse*,

London: Continuum, 2003.

3. J. Wilson and B. Drozdek, *Broken Spirits: The Treatment of Traumatized Asylum Seekers, Refugees, War and Torture Victims*, London: Routledge, 2004.

4. *DSM-IV: The Diagnostic and Statistical Manual of Mental Disorders* (DSM), the American Psychiatric Association, 1994.

5. A. Brunet, V. Akerib and P. Birmes, Don't Throw Out the Baby With the Bathwater (Post Traumatic Stress Disorder Is Not Overdiagnosed), *Can J Psychiatry* (52), 2007, pp. 501-502. 这些作者提到,创伤后应激障碍通常情况下都没有得到全面的诊断,整个社会上都没有意识到这种病症的严重性。

6. Rick Curnow, in a public lecture on 'Trauma: A Psychoanalytic Perspective', Adelaide, 2007, found at: http://www.aipsych.org.au/articles/aip_trauma_psychoanalytical.pdf, on 24 May 2008.

词汇表

事后取得的财产(Acquired property):人们通过社交取得的财产或能力,反义词是继承的财产。语言被认为是事后取得的财产。另请参阅“继承的财产”。

主张(Advocacy):专家证人实际上偏袒检方或被告作出的行为。专家证人的主张行为是极度不道德的,会导致专家证人在庭审中被取消作证资格。另请参阅“公正性”。

作者身份(Authorship):单个作者或说话者,或一群作者或说话者创作语言的过程。

作者身份归属(Authorship attribution):辨认一篇特定文本的一个或多个候选作者(另请参阅“作者身份”)的过程。需要强调的一点是,作者归属(或作者身份指认)不是文本检查或笔记分析,而是对语言结构进行分析。

平均(Average):请参阅“平均值”。

恐吓信(Bully mail):通常以手机短信的形式呈现的一种交流方式,目的是恐吓收信人。这种做法出现的频率越来越高,特别是在学生中间。

候选作者(Candidate author):候选作者是指其文本被拿来与嫌疑文本或存疑文本进行比较的作者。在案件调查中,候选作者一般不止一个。

搭配(Collocation):指两个单词经常同时出现的情况。例如,在“医疗信息造假案”这一篇中,“信息”一词就经常与“披露”

一词搭配。

计算语言学(Computational linguistics):使用计算和统计等方式研究语言特性的学科。研究这一学科的人员叫计算语言学家。

供词(Confessions):从理论上来说,供词是指罪犯主动承认犯罪时说的话。然而,在还没有出现对证人和嫌疑犯的证词进行录音的做法之前,许多"供词"被怀疑是警察写的,也就是说这些供词可能是捏造的。不过,就算一份供词是警察写的,而且带有警察的用语风格,也不代表这份"供词"是捏造的。

侵犯版权(Copyright infringement):请参阅"剽窃"。

语料库(Corpus,复数形式 corpora):字面意思是"人体",在这里指用于研究的语言集合体。

语料语言学(Corpus linguistics):使用大型语言材料数据库研究语言特性的学科。伯明翰大学英语语料库拥有世界最大的语料库,牛津大学的英国国家语料库也是一个非常大的语料库(超过1亿单词)。不过,越来越多的语言学家现在开始开发专业语料库。

累积和(Cusum):请参阅"分析"。

多伯特(Daubert):请参阅"专家证据测试"。

法庭义务(Duty to court):所有证人在法庭上都有义务说真话,但专家证人的义务除此之外还包括:在报告可能与自己的专家观点相反的结果时,必须保证公正,不得提出偏袒一方的主张。同一般证人不同,专家证人可能需要就其专业领域内的问题提出自己的观点。

样例文本(Exemplar texts):样例文本是指候选作者使用的语言样本。

专家证人测试(Expert evidence tests):法庭使用这一测试

来认定:(i) 专家是否有资格给出证据,且法庭是否采信其给出的证据;(ii) 专家使用的方法是否合适、有效,是否可以经受得住同业互查或数据显著性测试等外部测试;(iii) 专家的测试是否相关、恰当、准确。在美国,专家证人测试方法主要有两种:(a) 弗赖伊规则,测试专家是否合格以及专家使用的方法是否受到过同业互查或为科学界所接受;(b) 多伯特规则,测试专家使用的方法是否经受过关键测试(例如证伪测试、数据显著性测试等)。笔者在此对这两个测试仅作简单的解释,互联网上关于这两种专家证据测试的描述更为详细。

专家证人(Expert witness):通过教育、训练或经验掌握某种专业知识的证人。在出庭人员(法官、陪审团、律师)不能就某个问题形成准确的观点时,专家证人有资格提出观点。法庭有权决定是否让专家证人出庭作证。请参阅“证据测试”。

假供(False confessions):请参阅“供词”。

司法文本类型(Forensic text types):司法文本是指警方调查或刑事诉讼程序的主体对象之一。司法文本类型包括勒索信、遗书、恐吓信、隐藏的警方录音、威胁信,等等。

弗赖伊规则(Frye):请参阅“专家证据测试”。

功能词(Function word):指仅具有语法功能、不含或含有少量内容的词汇。例如“the”“of”“any”等等。另请参阅“词汇词”。

罕用词(Hapax legomen):在一篇文本中仅出现一次的词,也称为“hapax”(复数形式为 hapax legomena)。

恐吓信(Hate mail):让收信人感到害怕或忧虑,或是对第三方的名声产生负面影响的匿名信、邮件或手机短信。另请参阅“恶意通信”。

语内表现行为(Illocution):说话者(或写作者)欲表达的意

义,与之相对的是表面意义或听者(或读者)接收到的意义。另请参阅“语言表达效果”“语言表达方式”和“言语行为理论”。

公正性(Impartiality):专家证人对待证据应保持公正平等的态度:及时报告可能与自己的观点相冲突的证据,仔细考虑备择假设,避免偏袒案件一方当事人,避免让自己对处罚方法(例如死刑)的观点影响到其他人的观点,应独立提出自己的观点,公开自己的发现,避免花言巧语,回答问题时应直言不讳。专家证人的证词不应故意治罪于被告或让被告脱罪。

屈折变化(Inflection):指单词加前缀或后缀(或词尾)。例如,后缀“-ed”在英语中一般用于单词后面表示过去式,前缀“un”与“screw”搭配使用。一般来说,没有屈折变化的单词就是功能词。请参阅“功能词”。

继承的财产(Inherited properties):有些人类特性,例如指纹,是人类通过遗传继承的,但语言是通过社交获得的。请参阅“事后取得的财产”。

国际语音学协会(IPA):国际语音学协会是一个语音学家研究全世界各国语言发音系统和标音的组织。国际音标表记录了全世界已知语言的几乎全部音素,为对语音学感兴趣的人或语音学工作者提供了重要参考。国际音标表可用来标注所有语言的音标。

词汇密度(Lexical density):词汇词在文本中出现的比率。

词汇词(Lexical word):拥有内容或含义的词汇,例如“happy(快乐)”“coal(煤块)”“walk(走路)”等。词汇词通常有屈折变化。例如名词可以有复数形式,形容词可以加前缀[happy(快乐)、unhappy(不快乐)]等等。功能词则没有屈折变化。另请参阅“功能词”和“屈折变化”。

语言学家(Linguist):研究语言学的人。不过,在某些庭审中，语言学家也用于指代口译员或笔译员。

语言学（Linguistics）：一门对语言进行系统科学研究的学科。

语言表达方式（Locution）：一个单词或一句话的表面显性含义。与“言语表达效果”和“语内表现行为”意思相对。另请参阅“言语行为理论”。

恶意通信（Malicious communication）：通过书面语言、口头语言或电话等呈现的一种交流方式，目的是让收信人感到害怕或忧虑、传播某种危险的虚假信息（例如恶作剧或火灾），或者破坏他人名声。

平均句长（Mean sentence length）：已知文本中每句话的平均长度，通常精确到小数点后一位，例如 15.9 个词。

平均词长（Mean word length）：已知文本中每个单词的平均字母长度。计算平均词长首先要忽略所有的标点符号。日期（不包括一周内的每一日）通常视作一个单词，一笔钱（例如 £300）也视作一个单词，除非写成了“three hundred pounds”的形式。平均词长一般精确到小数点后两位。平均词长为 3.54 个字母与平均词长为 3.69 个字母的区别可能不大，但与平均词长为 4.52 个字母的差异却很大（假设两篇文本或摘录中的单词数量足够用来比较平均词长的差异）。

记忆和语言（Memory and language）：人类的语言记忆是有限的。通常情况下，（除非我们努力记住）我们只能记住长度为六七个单词的字串。许多庭审中可能会出现多个证人针对罪犯说的话用语一致的情况，这是语言记忆的一个争议点。（请参阅互联网上有关“Ice Cream Wars appeal”一案的相关信息）

词素（Morpheme）：语言的最小语法单位，例如“dogs”这个单词含有两个词素——dog 和-s，这两个词素都不能进一步分割。词法学是一门针对语言词素体系的研究,从很大程度上来说,词法学现在也是句法研究人员的研究范畴(请参阅下文“句法”)。

言语表达效果(Perlocution):听者或读者从一个单词或一句话中接收的含义。与“语内表现行为”和“语言表达方式”意思相对。另请参阅“语内表现行为”“语言表达方式”和“言语行为理论”。

音素(Phoneme):语音中的最小单位,例如/b/、/k/等等。根据方言的种类和语言变体,英语有44个音素。语音学家(学习语音学和音系学的人)通常会在音素的两边加上斜杠。例如/z/这个音素其实指的是字母“s”在“present”一词中的发音。有些音素符号代表的是两个字母的发音,例如/ʤ/代表的是“dg”在单词“edge”中的发音。虽然“dg”由两个字母组成,但却是一个声音、一个音素和一个语音符号。

语音学(Phonetics):一门研究语言发音的学科,通常写成语音符号的形式(请参阅“国际语音学协会”)。

音系学(Phonology):一门研究语言发音系统的学科。

剽窃(Plagiarism):在不了解消息源的情况下,使用其他人的书面或口头语言创作文本的活动。剽窃有三种类型:文字剽窃、马赛克剽窃和概念剽窃。文字剽窃是指直接照搬他人的文本,马赛克剽窃是指试图通过改变语法结构、词序或词汇来掩饰文本的来源,概念剽窃是指在文本中盗取他人的想法和表达模式。概念剽窃比较难证明。注意:剽窃不是犯罪,侵犯版权却是犯罪(在民事法庭中)。侵犯版权是指剽窃者(或侵权者)通过上述剽窃类型发表文本的活动。

剽窃者(Plagiarist):剽窃别人作品的人。请参阅“剽窃”。

警察用语(Police register):警察在写报告或证词的过程中

使用的方言或语言。

语用学(Pragmatics):一门研究说话者—接收者语境和外部语境因素在交流中的应用的学科。与“语义学”联系密切(见下文)。

分析(Qsum):一种统计学方法,用以测试一个样本文本的作者。有一些语言学家和心理学家在英国庭审中认为这种方法不可靠。

存疑文本(Questioned text,也称为“嫌疑文本 suspect text”):作者身份不明、作者身份真伪受到质疑,或者民事或刑事调查主体的一种文本。

语义学(Semantics):一门研究语言理论上或经验上的意义的学科。语义学研究的是单词间的真实语境、意义和所指,以及(广泛意义上的)隐喻关系(比如转喻、整体关系等等)。

说话者承诺(Speaker commitment):请参阅“证词分析”。

声谱图(Spectrogram):声谱图是声音参数(尤其是某一频率的声音振幅和强度)的视觉表现形式。可用于辨认声音。请参阅“声音辨认”。

言语行为理论(Speech act theory):语言学的分支之一,研究言语(和书面文字)如何表现行为,例如“我宣布你们成为夫妇”“我去世后将遗产赠送给……”等,还包括警告、承诺和威胁,等等。这是J·L·奥斯丁在其《如何用言语做事》(*How to Do Things with Words*)(1962)一书中提到的思路。

证词分析(Statement analysis):通过分析语言来判别语言的真实性。这在语言学研究领域还没有得到广泛认可。在笔者撰写本书时,研究者们正在审查语言的几种可能模式,试图为这一研究领域的可靠性添砖加瓦。一种可能模式就是开发测试说话者承诺的工具,即说话者/作者对一篇文本的承诺程度。

风格标志(Style marker):用来衡量文本风格的一种特点,例如,一个人使用标点符号的方式、某些功能词的使用方式、平均词长、平均句长等等。另请参阅“文本衡量”。

句法(Syntax):研究句子语法的一门学科。在传统句法中,诺姆·乔姆斯基及其追随者认为,(语言学的主要)研究重点是理解以一种语言为母语的人是如何获得使用这门语言的能力的,即如何获得表达和理解一系列句子的能力。

文本衡量(Text measures):能够衡量的文本属性,例如,文本长度(文本中的单词数)、词汇密度(词汇词在文本中出现的比率)等等。另请参阅“风格标志”。

真实性分析(Veracity analysis):请参阅“证词分析”。

声音辨认(Voice identification):语音学家(即学习语音学——语言的声音和音系学——语言的声音系统的人)通过检查录下来的口头语言来观察录音中的声音特点是否与嫌疑犯的声音特点相符合的过程。请参阅“音素”“语音学”和“音系学”。